El Espejo de Mi Alma

El Espejo de Mi Alma

Devociones

Tannia E. Ortiz-Lopés

© 2015 by Tannia E. Ortiz-Lopés. All rights reserved.
Illustrations and book cover photo by: Smart Media Solutions www.smartmedia24.de.
Illustrations and photography copyrights Tannia E. Ortiz-Lopés.

BoD GmbH (In de Tarpen 42, D-22848 Norderstedt) functions only as book publisher. As such, the ultimate design, content, editorial accuracy, and views expressed or implied in this work are those of the author.

No part of this publication may be reproduced, stored in a retrieval system, or transmitted in any way by any means - electronic, mechanical, photocopy, recording, or otherwise - without the prior permission of the copyright holder, except as provided by USA, Germany, and International copyright laws.

All Scripture quotations are the author's Spanish translation of references taken from The New American Bible (NAB) 1987 by World Bible Publishers, Inc.
ISBN 937779-22-9.

First Edition: © 2011 by Tannia E. Ortiz-Lopés
Publisher: Wine Press
ISBN 13: 978-1-4141-1439-2
ISBN 10: 1-4141-1439-7
Library of Congress Catalog Card Number: 2009903166

Second Edition: © 2015 by Tannia E. Ortiz-Lopés
Publisher: BoD - Books on Demand
ISBN 978-3-7386-9565-6

Doy Gracias...

A Dios, por haber enviado a su único y amado Hijo,
>> **Jesucristo**,
>> para morir por mí
>> y por proporcionarme
>> una puerta
>> hacia el reino de Dios.

A Dios, por haberme dado tantos talentos
>> y haber esperado pacientemente
>> hasta que comencé a utilizarlos
>> para la gloria de su reino.

A mi Señor Jesucristo, por haberme hallado digna de
>> su amor,
>> su misericordia
>> su compasión
>> su redención.

Al Padre Bill, quien aceptó la tarea de guiarme
>> moldearme
>> enseñarme
>> retarme
>> a niveles más altos
>> de conocimiento,

y quién pacientemente con mano firme
caminó conmigo el sendero hacia la salvación.

A mi esposo, Peter, por su amor, lealtad y fidelidad.

A mis dos hijos, quienes diariamente ponen a prueba
>> mi paciencia, tolerancia y capacidades de madre.
>> Pero a la vez me hacen reír cuando estoy triste
>> y me llenan de orgullo cuando me siento
>> decepcionada por los golpes de la vida.

A mis padres, quienes me dieron el derecho a nacer.

A mi hermano, Robert, quien desde el principio de mi existencia
  me ha protegido
  y ha sido mi confidente mudo y sincero.
 Quien ha sido mi paño de lágrimas, mi fortaleza
  y mi mejor amigo.
 Con quien recorrí mundos e hice travesuras durante
  nuestros años rebeldes.
 Quien ha apoyado todos mis proyectos
  y se ha regocijado por mis éxitos.
 Quien me aconseja y me anima
  cuando creo que desfallezco.
 Quien ha sido testigo de mi desarrollo artístico,
  espiritual y poético.

A mi "hermana" y amiga, Grace, y su familia,
  quienes siempre creyeron en mis talentos y han esperado
  pacientemente por años para ver este sueño de niñez
  convertirse en una realidad.
 Quienes han sido testigos de mi desarrollo artístico,
  espiritual y poético.

A mi "padre y hermano en Cristo Jesús", Gonzalo,
  a quien le debo mi estabilidad mental,
  cuyos consejos me mantuvieron
  en el camino correcto
  durante etapas dudosas en mi vida.

A mi amada "hermana", Glen,
  quien ha estado conmigo en las buenas y en las malas,
  a quien Dios puso en mi camino
  hace muchos años atrás
  para consolarme y darme ánimo
  cuando otros me abandonaron.
 Quien pacientemente edita todos mis escritos en inglés.
 Su amistad, sinceridad y ayuda incondicional
  son prendas preciosas en mi baúl de tesoros.

A mi hermana en Cristo Jesús, Patti,
    quien ha sido mi fortaleza y mi apoyo.
    Quien me ha ayudado a mantener mi cordura
      y conducta correcta
      cuando me aventuraba en la vida.
    Quien me enseñó a rezar oraciones necesarias
      para mi crecimiento espiritual y mi relación íntima con Jesús.

A mi amiga, mentora y madre poética, Rosarito,
    quien me ayudó a descubrir mi voz poética
    y me abrió puertas en el mundo literario.
    Quien endosó este libro de una manera elocuente.
    Quien me aconseja y me habla con fuerza pero con ternura
      cuando mi testarudez me ciega y no me deja ver ni oír
      la opinión de los demás.

A mi amigo y hermano en Cristo Jesús, Freddy,
    quien me ayudó a salir de una depresión
    en mis años universitarios.
    Quien ha sido testigo de mi desarrollo artístico,
    espiritual y poético.

A mi amigo y escritor, John Reid,
    quien endosó mi libro de una manera poética
    y extraordinaria.

A ti, lector, por aceptar mi invitación a mirar en
El Espejo de mi Alma mi caminar con Jesús
y decidir caminar una milla y un poquito más
con Jesús y conmigo.

Contenidos

Palabras preliminares xiii
Bienvenido, lector xvii
Caminando con Jesús xxi

Un Nuevo Amanecer
Descubrí un mundo nuevo con Jesús 1
Búsqueda y súplica 2
Yo soy la Luz del mundo 3
Unidos, ¿qué más puedo pedir? 4
Mi nueva libertad 5
Tengo que aprender 6
Receta para una nueva creación 8
Qué significa renunciar 9
¡Mis manos! 11
Mujer pecadora 12
Suplemento vitamínico diario de un cristiano 12
La lealtad de Dios 13
No estés ansioso 15
Oh, mi Dios, Tú me conoces 16
Aprendiendo... ¡aprendiendo! 17
Dios, el Arquitecto de mi vida 18

Caminando con Job su Sendero
Job 2:11–13 23
Job 3:1–7 24
Job 3:20–23 25
Job 3:24–26 27
Job 4:10–11 28
Job 4:12–21 29
Job 5:1–5 30
Job 5:6–8 31
Job 5:21–27 32

Job 6:1–4	33
Job 6:5–10	34
Job 6:18–21	35
Job 6:22–24	36
Job 6:25–27	37
Job 6:28–30	38
Job 7:1–4	40
Job 7:5–10	41
Job 7:11	42
Job 7:12–19	43
Job 7:20–21	44
Job 8:1–22	45
Job 9:1–4	46
Job 9:5–11	47
Job 9:15–16	48
Job 9:17–19	49
Job 9:20–22	50
Job 9:23–24	52
Job 9:25–26	53
Job 9:27–32	54
Job 9:33–10:2	55
Job 10:3–8, Job duda de la humanidad de Dios	56
Job 10:9–22	57
Job 11:1–6, Amistades, ¿quiénes son tus amigos?	58
Job 11:7–12, Dios, el protector de nuestras vidas	59
Job 11:13–16	60
Job 11:17–20	61
Job 12:1–6, Sabio, ¿quién es el más sabio de todos?	62
Job 12:7–13, La sabiduría de los años	64
Job 13:1–6, ¿Quién es el más sabio?	65
Job 13:7–19, Cállate y déjame solo	67
Job 13:20–27, Valor y confianza	70
Job 14:1–3, Paloma de paz, ven a mí y ayúdame a volar hacia Dios	71
Job 14:4–22, Cuando el hombre muere, todo el vigor se va	72

Job 15:1–25, Un hombre limpio de pecado a quien
    llamen pecador 74
Job 15:26–35, ¿Pecador, quién, yo? ¿Quién dice eso? 75
Job 16–17, Testigo en el cielo 77

Reflexiones Mientras Camino con Dios y Jesús
Moldéame a tu antojo 83
Leyes humanas contra leyes divinas 84
¿Quieres venir a caminar conmigo?. 85
Reflexionando sobre nuestra amistad, Señor Jesús. 86
Gracias, Señor, por... 88
Martes Santo 89
Espérame con un pedazo de pastel 90
El Buen Pastor 92
Mientras camino con Jesús. 95
Buscando la perfección. 97
Disfrutando tu creación 98
Soy útil... gracias por usarme 99
Domingo de la Santísima Trinidad. 100
Señas silenciosas. 101
¡Sé que estás aquí, y te lo agradezco! 102
Meditando sobre tu paciencia. 103
El pájaro herido y lastimado. 104

Caminando en la Oscuridad
Conquistando el temor a la oscuridad 109
¿Quién soy? 111
Encontrándome. 114
¿Verdadero o falso?. 115
Reconociendo la presencia de Cristo en mi vida. 116
La paciencia es una virtud 117
Soy un riachuelo. 118
Orgullo espiritual secreto 120
Pido la gracia de la disciplina 121
Entrenando para la batalla 122
Enséñame a ser. 123

Fuerte y leal 124
Mi próxima meta: "La Templanza" 125
Cristo es mi escudo y mi protector 126
Salmo 42 127

Una nota de la autora 129

Palabras preliminares

¡Un libro extraordinario, único y vivencial del alma!
Tannia E. Ortiz-Lopés ha creado un legado espiritual que marcará y dejará huellas en todos los corazones de los cristianos que lo lean. La autora comienza su trayectoria con el libro de Job, en el Antiguo Testamento. Ortiz-Lopés ha respondido iluminada por la palabra bíblica a preguntas filosóficas, versículo por versículo, con sus propias oraciones y anhelos. Por ejemplo, a Job 3:20–23, ("¿Por qué se da luz a una persona que está en la miseria y amargado la vida a un alma?"), ella responde con valentía:

Espiritualmente, mi crecimiento es lento y en ocasiones difícil.
¿Qué causa resentimiento espiritual? No lo sé.
Pero sí sé lo que produce alegría y satisfacción en tu alma:

¡El amor de Cristo en tu corazón!

Luego continúa con una oración sincera, que concluye:

> Gracias por todos mis talentos.
> Gracias por esta nueva vida
>   llena de aventuras y tesoros
>   esperando ser descubiertos
>   y disfrutados por nosotros;
>   juntos y unidos
>   hasta la eternidad.

Para dar un ejemplo más completo de la metodología de la autora y de su admirable visión inspiradora, citaré la siguiente respuesta alentadora y emotiva a Job 3:24–26, en la que Job se lamenta diciendo: "Mis suspiros son mi alimento y mis quejidos mi manantial de agua. Lo que temo me abarca y de lo que me escondo me encuentra. No tengo paz o relajamiento; no tengo descanso ya que me acechan los problemas". Ortiz-Lopés declara:

El Espejo de Mi Alma

Señor,
    Tú sabes mis necesidades.
    Tú has examinado mi corazón.
    Tú sabes mi dolor.
    Tú sabes mis penas.
    Tú sabes mis debilidades
      y mis capacidades.
    Tú conoces mis sentimientos.
    Tú sabes todos los secretos
      que guardo en mi mente,
      alma y corazón.

    Guíame por tu camino estrecho
      que lleva a la salvación.
    Aconséjame, oh Señor.
    Abre mis ojos
      para poder ver
      lo grandioso de tu reino.
    Abre mis oídos
      para poder escuchar
      la sabiduría de tu Palabra.
    Abre mi corazón
      para poder sentir
      el gozo de tu gloria.
    Abre mi mente
      para poder entender
      tu plan de salvación
      para mí.
        Amén y amén.

Reiteraré que este es verdaderamente un libro radiante, sincero e inspirador que no sólo alegra el corazón y agudiza la espiritualidad de todos los que lo leen, sino que también proporciona consuelo para su hambre, y una entrada inmediata al mundo luminoso del Espíritu donde habita Cristo.

El Espejo de Mi Alma

Tannia E. Ortiz-Lopés ha elaborado un luminoso libro de salmos, meditaciones y cartas íntimas a su amado, Jesús, para el hombre de esta época y de las venideras.

—**John Reid**

Bienvenido, lector

Este libro fue originalmente escrito en inglés, pero siempre con el deseo de publicarlo en mi lengua materna: el español. Quizá se pregunte: ¿por qué entonces fue primeramente escrito y publicado en inglés? La respuesta es muy simple; desde el año 1988, luego de graduarme de la Universidad de Puerto Rico en Mayagüez, me mudé a los Estados Unidos. Tras haber vivido tantos años fuera de mi amada Borinquén, el inglés se convirtió en mi primera lengua. Con esto no quiero decir que me olvidé del español, sino que se me hacía más fácil pensar y escribir en inglés.

Sin embargo, ahora que Dios ha abierto puertas para una publicación en español, decidí traducir mi libro. No quise que otra persona tradujera mis devociones, ya que en la traducción se pierde la emoción. Las ideas se traducen; los sentimientos se expresan en lápiz y papel con el corazón en la mano. En el papel, derrochamos todo lo que sentimos; dejamos que las ideas fluyan libremente dando vida a un pensamiento. Ese pensamiento crece y se convierte en la "palabra". La palabra es la expresión más grande de Dios y de la humanidad.

Dios tuvo una idea: "la creación del mundo". El pensó, habló, y el mundo se creó. Dios habló y sopló aliento de vida en el hombre, y ese fue el principio de la humanidad. Dios habló, y se destruyó el mundo. Dios habló, y nos dio los Diez Mandamientos. Y así, a lo largo de la historia del mundo, Dios ha tenido muchas ideas que mediante su Sagrada Palabra se convirtieron en realidad.

La idea más grande que Dios tuvo fue enviar a su único y amado Hijo, Jesús, a que viniera a la tierra. La Palabra se hizo hombre y anduvo en la tierra, predicando sobre el reino y la verdad de Dios. La ley caminó entre los hombres: Jesús el Nazareno. Jesús, el Hijo del Hombre e Hijo de Dios. Jesús, Dios encarnado. Jesús, Emmanuel: Dios con nosotros. Jesús el Cristo, quién me llamó una noche y a quien respondí: Sí.

Este libro es un testigo de mi caminar con Jesús.

El Espejo de Mi Alma

Por 40 años anduve perdida en el desierto de la vida;
   pequé muchas veces y todavía peco,
   ya que no soy perfecta,
   pero cada día busco la forma
      de mejorar mi conducta,
      de moldearme a sus deseos,
      de aprender nuevas formas de vida.
Todos los días me pregunto:
Si Jesús viniera hoy a visitarme,
   ¿acaso estaría Él satisfecho con mi caminar?
¿Cómo puedo yo seguir creciendo a su imagen y semejanza?
¿Cómo puedo yo ser un instrumento útil para Jesús todos los días?

Muchas preguntas. Pocas respuestas...

En el año 2003 cumplí 40 años y decidí hacer un inventario de mi vida, mis metas, mis sueños, mis motivaciones, mi destino y de mí misma. Esta búsqueda me llevó a pasar un fin de semana en un retiro espiritual de silencio. Con el sonido del silencio y los ritmos melódicos calmantes de la naturaleza, comencé a encontrarme nuevamente. En la casa de retiros me asignaron una directora espiritual, quien me daba escrituras para estudiar y reflexionar todos los días. Durante el estudio de las escrituras asignadas, de la naturaleza, de mis dibujos y de mis reflexiones poéticas, descubrí un mundo nuevo. De pronto, mis ojos y mis oídos se abrieron. Por primera vez en mucho tiempo pude ver en el reflejo de mi espejo:
"quién fui", "quién era", y "quién quería ser".
Volví a nacer, a ser una "criatura nueva".

Aprendí que el sacramento del matrimonio era muy sagrado, y por mucho tiempo yo había descuidado el mío.

Aprendí que ser madre era un sacramento sagrado, y yo no había sido una buena madre.

Aprendí que el ministerio y la vocación que ansiosamente buscaba estaban en mi hogar; sin embargo, la viga de mi ojo no me dejaba ver la necesidad de mi hogar y me mantenía en una búsqueda sin fruto.

Aprendí que la vida era muy corta, y al final de la jornada yo tendría que rendir cuentas a Dios de todos los talentos que Él me dio y que yo no utilicé correctamente.

Aprendí que "Tannia" era algo más que un nombre; era una actitud y un estilo de vida, y yo tenía que modificar el mío. Tenía que convertirme en la persona que Dios quería y necesitaba para cumplir la misión que Él tenía para mí.

Aprendí que Dios me dio muchos talentos y yo no los estaba usando correctamente.

Aprendí que mi lengua tenía que ser apaciguada y educada para que sólo palabras dulces y placenteras emanaran de ella. No esas palabras feas e insultantes que sabemos muy bien que son vergonzosas para Dios y para los demás.

Aprendí que "la bendición del silencio" es un regalo de Dios, pero muchos no sabemos apreciarlo. En cambio, lo violamos constantemente con ruidos innecesarios.

Aprendí que aprender a "practicar lo que predicaba" y conversar con Jesús era la experiencia más gratificante que cualquier ser humano podía sentir y vivir.

Aprendí a ver a través de los ojos de Jesús mis debilidades y mis virtudes; y a confiar en Él para todas mis necesidades.

Aprendí a escuchar con los oídos de Jesús, y lo que escuché fueron sólo alabanzas y glorias a Dios Padre Todopoderoso.

Aprendí que la naturaleza es un hermoso tesoro y debemos cuidarla para poder disfrutarla por muchos años.

Aprendí que tener una relación íntima con Jesús es una responsabilidad *bien grande* y el mejor aliciente para nuestro diario penar.

Aprendí que contar con Jesús significa una entrega total y un espíritu de aceptación de su voluntad en nuestras vidas.

El Espejo de Mi Alma

Aprendí que leer las Sagradas Escrituras y reflexionar en su mensaje sería el comienzo de mi nueva vida y de mi carrera profesional con Jesús.

Aprendí a reírme.

Aprendí a escuchar atentamente a otros, incluso a los pájaros que vuelan en el cielo.

Aprendí el verdadero significado de: "La paz del Señor esté contigo", y la bendición que era compartirla con otros.

Aprendí a decir: "Gracias, Dios, por este hermoso día. Gracias por hallarme digna de tu tiempo y misericordia".

Aprendí a ser humilde y obediente a mi creador y a su único Hijo, Jesús, mi Salvador y Redentor.

Aprendí que la familia y las amistades son importantes, y las frases: "Te amo", "Te quiero", "Estoy orgullosa de ti", "Eres importante para mí" son un oasis en un día caluroso de verano en el desierto de la vida.

Aprendí a vivir.

Aprendí a amar.

Aprendí que "Tannia" es algo más que un nombre. Es una íntima compañera de Jesús a la que tú también llamas "amiga."

Palabras del corazón,

Yo

Caminando con Jesús

Mis anhelos
Mis sueños
Mis decepciones
Mis pruebas
Mis ilusiones
Mis conquistas
Mis deseos
Mis caprichos
Mis necesidades
Mis derrotas
Mis recuperaciones
Mis juicios
Mi redención
Mi salvación.

Mi nuevo amanecer,
Jesús,
   alumbrando el camino de mi vida.

¡Ven y acompáñame mientras camino por la vida con Jesús!

Un Nuevo Amanecer

San Juan 8:10–11: *"Mujer, ¿dónde están tus acusadores? ¿acaso alguien te ha condenado? Ella contestó, "Nadie Señor." Jesús le respondió, "Yo tampoco te condeno. Ve y no peques más".*

Descubrí un mundo nuevo con Jesús

Cuando era pequeña,
  comía como una bebé,
  vestía como una bebé,
  y me comportaba como una bebé.
Luego comencé a crecer,
  y descubrí un mundo
  fuera de mi cuna
  y de las comodidades de mi hogar.
Descubrí un mundo
  lleno de aventuras,
  carreteras, atrechos,
  ríos, bosques, océanos.
Aprendí de un hombre
  que vivió hace unos 2000 años.
Un hombre radical para su tiempo.
Un hombre que proclamó un mensaje
  de amor, de paz y de dignidad.
Un hombre que perdonó pecados
  y amó a los rechazados,
  a los oprimidos, a los pecadores...
Un hombre que me llamó
  por mi nombre
  y me enseñó la ruta
  del camino angosto...
  ...el camino que lleva a la salvación.
Yo decidí seguirle.

Búsqueda y súplica

Señor,
    dame sabiduría y entendimiento
    para aceptar humildemente
    las bendiciones y las pruebas de mi vida.
Perdóname, Señor,
    cuando en mis debilidades humanas
    yo digo, pienso o contemplo
    sentimientos y pensamientos pecaminosos
    en mi mente y en mi corazón.
Limpia mi mente.
Limpia mi corazón.
Abre mis ojos y mis oídos,
    para que así yo pueda entender
    el mensaje que le das a esta pecadora
    en busca de paz y de sabiduría
    para poder servirte mejor...

                            Amén y amén.

Yo soy la Luz del mundo

Yo soy la Luz del mundo.
Quien vive en mí
   no camina en la oscuridad.
Yo soy la Luz del mundo.
La Luz resplandeciente
   que aparta las tinieblas.
Yo soy la Luz del mundo.
No le temas a las tinieblas,
   ya que siempre estoy contigo.
Yo soy la Luz del mundo.
La Luz del eterno resplandor,
   la Luz que tiene que ser
   compartida con otros
   para que ellos no le teman más
   a la oscuridad...
Para que ellos no le teman
   más a la soledad.
Para que ellos disfruten más
   de mi compañía...
     ...aunque no me puedan ver.
Yo soy la Luz del mundo.
Yo soy la Luz.
Brillemos juntos hasta la eternidad.

                      Te amo,
                          Jesús

Unidos, ¿qué más puedo pedir?

Yo estoy en Él,
Él está en mí...
Estamos unidos,
   no separados.

Tú estás en mi corazón.
Yo estoy en tu libro.
Tú eres mi primer amor.
Yo soy una de tus hijas.

Estamos unidos
   desde el primer día...
Pero estaba ciega
   y no podía percibir
   tu presencia en mi vida;
   pero me abriste los ojos
   para así poder verte.

Tú abriste mis oídos
   para que pudiese escuchar
   cuando pronunciabas dulcemente mi nombre,
   y escuchara tus palabras de amor,
   de esperanza, de redención y de aliento.

Tú preparaste mi corazón
   para recibir la semilla
   de tu Palabra;
   para ayudarla a crecer
   grande y fuerte.

Estamos unidos.
No separados.
Somos uno,
   ¿qué más puedo pedir?

Mi nueva libertad

Gracias, Señor,
    por liberarme
    de todos los temores
    de mi vida.

Gracias, Señor,
    por permitirme saborear
    los diferentes sabores
    de tu divina misericordia.

Gracias, Señor,
    por dejarme que me apoyase en Ti
    cuando me ahogaba
    en una gota de agua.

¡Gracias, Señor, gracias...
    ...por esta nueva libertad en mi vida!
                       Amén.

Tengo que aprender

Me gustaría ser una mejor cristiana
  y aprender a controlar mi lengua.
Me gustaría ser una mejor cristiana
  y disfrutar el fruto de la perseverancia
  para poder alcanzar mi meta...
  ...de imitar la conducta de Jesús.
Tengo que aprender a escuchar
  el sonido del silencio, ya que en el silencio
  mi Dios me habla.
Tengo que aprender a
  educar mi lengua libertina,
  para que sólo alabanzas y bendiciones
  fluyan de ella como un manantial.
Tengo que aprender a escuchar
  la voz de Dios.
Tengo que aprender a escuchar
  la voz de Cristo.
Tengo que aprender a escuchar
  las voces de los ángeles.
Tengo que aprender a escuchar
  las voces de otros hombres de Dios;
  santos, que vivieron antes que yo.
Tengo que aprender a ser
  un instrumento de Dios.
Tengo que ser barro listo para ser
  moldeado como un recipiente útil,
  en el cual Dios podrá echar
  el agua de vida eterna...
  la salvación que Cristo nos da
  a aquellos sedientos de conocimiento
  y de la verdad de Dios.
Tengo que disciplinarme
  y ser más diligente.
Ser más calmada.

El Espejo de Mi Alma

Ser más capaz
   de escuchar a Dios...
   en el sonido de la naturaleza,
   en los sonidos en mi mente,
   y en el sonido del silencio.
¡Es en el silencio
   cuando Él habla más alto!

Gracias, Jesús,
   por nuestros momentos de silencio...

Receta para una nueva creación

Para nacer criatura nueva, vida nueva,
   a través del bautismo,
   con el agua y la sangre de Cristo,
   tenemos que partir
   de nuestras conductas pecaminosas
   y vestirnos con el escudo de Dios.
Tenemos que comportarnos
   de manera santa,
   con mucha disciplina,
   con control total de nuestra lengua,
   sin pensamientos engañosos o lujuriosos.

Tenemos que imitar la conducta de Cristo
   hasta alcanzar un nivel de excelencia
   en Cristo Jesús, y comenzar nuevamente
   el proceso de expiación de nuestras almas.
Este es un ciclo eterno de oración,
   disciplina y alabanza a Dios.
                 Amén

PD: Estar constantemente alerta y mejorando.

Qué significa renunciar

Renunciar a todo significa:
   una entrega total
   a Jesús y a su voluntad.
Renunciar a todo significa:
   tener absoluta confianza
   en la voluntad de Dios,
     y en sus promesas de lealtad y redención
     a través de su único Hijo amado, Jesús.
Renunciar a todo significa:
   darle prioridad a Dios en mi vida
   y luego considerar a otros y a mí misma
   en mi vida cotidiana.

Cargar mi cruz y seguir a Jesús significa:
   aceptar los retos y tentaciones diarias
   y enfrentarlos serenamente,
   con la certeza de que Jesús
   está siempre a mi lado,
   consolándome y fortaleciéndome,
   para mantenerme fuerte
   en mis convicciones y en mi fe.
Protegerme con el escudo de Dios,
   el que conduce a la salvación eterna...
Alumbrar el sendero en que camino
   con la luz de la Palabra de Dios.
Alumbrar el sendero de otros
   con la luz que brilla dentro de mí,
   con buenas acciones,
   con una conducta correcta,
   y así comportarme de una manera
   cristiana con los demás.

El Espejo de Mi Alma

Señor, dame fortaleza,
   para poder cargar mi cruz día tras día.
Dame sabiduría,
   para aceptar mis sufrimientos.
Sabiduría, para saber controlar mi lengua
   y para poder compartir con otros
   las bendiciones de tu reino.

Señor, dame perseverancia
   para hablar y comportarme
   prudentemente,
   mientras te alabo y te venero
   con todo mi ser...

¡Mis manos!

Mis manos fueron creadas para orar.
Mis manos fueron creadas para curar.
Mis manos fueron creadas para ayudar a otros.
Mis manos fueron creadas
          por Dios,
              para Dios,
y son usadas por Jesús.

Mujer pecadora

Fui pecadora
   y me perdonaste mis pecados.
Estuve perdida
   y me encontraste.
Era orgullosa y presuntuosa
   y me hiciste humilde.
Era salvaje
   y me hiciste dócil.
Era una niña
   y me ayudaste a crecer.
Siempre he sido tuya
   y Tú mío.
¡Gracias, Jesús, por tu amor!

Suplemento vitamínico diario de un cristiano

Vitamina **A** - Amor
Vitamina **AM** – Afecto Mutuo
Vitamina **C** – Conocimiento
Vitamina **CD** - Control y Disciplina
Vitamina **DE** – Devoción
Vitamina **P** – Perseverancia
Vitamina **V** – Virtud

La lealtad de Dios

(Salmo 89:1–18)

"Señor, Dios de los ejércitos, ¿quién se puede igualar a Ti?

Dios Todopoderoso,
   siempre leal a tus siervos.
Poderoso es tu brazo.
Firme es tu mano.
Tu mano derecha es glorificada
   en tu justicia.
El juicio y la justicia son los fundamentos
   de tu trono;
   el amor y la lealtad van anunciando
   las glorias de tu reino.
Bienaventurados aquellos que te conocen,
   Señor, y que caminan
   con la luz de tu rostro...
Llenos de gozo cantan tu nombre
   todo el día; tus victorias son motivo
   de fiesta y gritos de celebración.
Tú eres su fortaleza divina...".

Señor,
   enséñame a ser humilde y obediente
   en tu presencia,
   para poder aceptar
   la autoridad de otros.
   Enséñame a callar mi lengua rebelde,
      cuando ella quiere expresarse
      de una manera grosera e inadecuada.
   Señor, enséñame a escoger mis palabras sabiamente,
      para que todo lo que diga
      sean cantos melódicos agradables al oído
      y no vergonzosos y penosos
      para mi conducta.

El Espejo de Mi Alma

Enséñame y guíame a través de tu Hijo Jesús, mi Salvador;
   tal como Él entrenó a sus discípulos
     para su misión de sembradores y pescadores de hombres.
Enséñame tus caminos, Señor,
   para que nunca jamás
     me sienta sola y vacía.

No estés ansioso

(Filipenses 4:4–13)

"No estés ansioso por nada, ora y pide,
  y en agradecimiento,
  humildemente, ruégale a Dios.
Así la paz de Dios,
  que está por encima
  de todo entendimiento humano,
  protegerá tu corazón y tu mente
  en Cristo Jesús.
Yo he aprendido, en cualquier
  situación en que me encuentre,
  a ser autosuficiente.
Tengo la fortaleza de hacerlo todo,
  a través de Jesús que me fortalece".

Señor,
  enséñame a ser autosuficiente,
  a contar contigo para mi fortaleza,
  a contar contigo para mi sustento,
  a contar con tu amor,
  a contar contigo para mi confianza,
  a contar contigo para mi felicidad,
  a contar contigo para mi paz,
  a contar contigo, y solamente contigo,
  para satisfacer todas mis necesidades.

Oh, mi Dios, Tú me conoces

(Salmo 139:1–18)

"Señor, Tú me has probado, Tú me conoces...
Tú entiendes mis pensamientos
   desde la distancia.
Tú determinas el largo de mi jornada y mis reposos,
Tú conoces todos mis caminos.
... Tu mano derecha me protege y sostiene
   ... las tinieblas y la luz son lo mismo para Ti.
Te alabo inmensamente;
   Tú me creaste; ¡grandiosas son tus obras!
Tú me conoces íntimamente;
   tus ojos ya vieron mis acciones,
   pues ya están escritas en tu libro.
Mis días fueron moldeados
   antes de yo haber nacido.
Cuán preciados son para mí tus diseños,
Oh, Señor,
   ¡cuán grandes son!"

Mi niña, mi amada niña...
   anduviste fugitiva por un tiempo...
Te llamé por tu nombre y respondiste: ¡Sí!
Tu respuesta afirmativa
   fue motivo de alegría y regocijo en el cielo.
Por muchos años te tocaba el corazón,
   pero no me dejabas entrar.
Me mantuviste fuera, y fugitiva anduviste
   en el desierto de la perdición.
Nuevamente te llamé y esta vez dijiste: ¡Sí!
Todos los ángeles en el cielo
   bailaron y cantaron *himnos* de alegría.
Tú estabas perdida, pero te encontré.
¡Bienvenida a mi casa!
¡Esta vez para quedarte!

Aprendiendo... ¡aprendiendo!

Señor,
    tardé 40 años en conocerte,
    en entender tus caminos, en verte...
    en comenzar a encontrarme,
    en comenzar a moldearme,
    en comenzar a reconocer y a aceptar
    tu presencia en mi corazón.
Gracias por haberme creado
    de esta forma tan especial...
    con mis defectos y virtudes,
    con mis debilidades y fortalezas...
    pero, sobre todo, gracias...
    porque me creaste
    para alabarte y adorarte,
    para la gloria de tu nombre
    y para la honra de aquel
    que enviaste a morir por mí
    para darme la esperanza de vida eterna.
                              Amén.

Dios, el Arquitecto de mi vida

Señor, gracias por tu regalo
  de misericordia.
Gracias por crearme
  a tu imagen y semejanza,
  por compartir conmigo
  tus talentos artísticos,
  tu don de la palabra,
  tu capacidad de amar.
Gracias, Señor,
  por tu hijo Jesús,
  mi amigo, mi Salvador.

Señor, fortaléceme;
  perfecciona mis talentos
  para que sean una forma
  de alabanza y gloria
  de Ti y para Ti.
Tú me creaste.
Tú me moldeaste
  en el vientre de mi madre.
Tú escribiste mis pasos
  en tu libro,
  incluso mis años de rebeldía,
  de perdición, de soledad y de caos.
Tú permitiste que sucedieran
  para que pudiese yo entender
  y aceptar el regalo
  de la salvación eterna
  a través de la gracia de redención
  al entregarme completamente a Ti.
Gracias, Señor,
  por tu regalo de cantar,
  por tu regalo de escribir,
  por tu regalo del arte.

El Espejo de Mi Alma

Oh Señor,
   Tú me diste
   muchos talentos,
   y pacientemente
   los estás purificando...
   los estás dejando crecer
   para que se conviertan
   en esos grandiosos talentos
   que Tú necesitas
   para la propagación
   y proclamación
   de tu Sagrada Palabra
   por todo el mundo.

Caminando con Job su Sendero

*Salmo 27:1: "El Señor es mi luz y mi salvación;
¿a qué temeré?
El Señor es el refugio de mi vida;
¿de qué estaré atemorizado?"*

Job 2:11–13

El saber escoger nuestras amistades está en las manos de Dios. ¿Cuántas veces deseé que mis amistades, o por lo menos un amigo, estuviese conmigo para consolarme o aconsejarme en momentos difíciles de mi vida?

Hay un refrán que dice: *"Tú no puedes escoger a tu familia, pero sí tus amistades"*.

Yo no tengo muchas amistades, pero sí tengo unas muy leales. Amistades que han llorado y reído conmigo en todas las situaciones de mi vida. Siempre le digo a la gente: "Yo no tengo muchos amigos, pero los que tengo son muy buenos. Puedo contar mis amistades con los dedos de mis manos, y aun así me sobran dedos. Pero al igual que mis dedos están unidos a mi mano, así mis amigos y yo estamos unidos "en las buenas y en las malas".

Job tenía tres amigos que llegaron a darle el pésame y a consolarlo por su pérdida. ¿Cuántas veces el sonido del silencio es lo único que necesitamos oír de nuestras amistades? Los amigos de Job sabían que el silencio era lo único que él necesitaba escuchar de ellos. Y así, por siete días estuvieron con él, juntos y callados, consolando a Job. Ellos conocían todo su dolor y penar. Ellos también sintieron su dolor. Su compañía era un buen aliciente para él.

De mis amistades yo obtengo fortaleza, amor, compasión, consuelo y aceptación. Ellos también me ayudan a mantener "mis pies sobre la tierra", y mi enfoque en cosas de importancia.

¡Jesús es mi mejor amigo, y yo lo abandoné por mucho tiempo! Él pacientemente esperó a que yo regresara y le entregara todos mis problemas y mi ser.

Job 3:1–7

Señor,
    ayúdame a crecer en amor, fe y comprensión
    como lo hizo tu siervo Job.
De tenerlo *todo* a tener nada.
De tener nada a tener en abundancia.
Job era un hombre fiel y limpio de pecado,
    que temía a Dios y que amó a Dios
    en las buenas y en las malas.
Él fue obediente y comprensivo hasta el final.

Señor,
    ayúdame a ser fiel,
    limpia de pecado y con temor de Ti
    como lo hizo Job.
    Amén.

Job 3:20–23

Espiritualmente, mi crecimiento es lento, y en ocasiones, difícil. Espero ansiosa el día en que pueda caminar con pasos firmes y seguros en la Palabra de Dios. Todavía soy una niña con necesidad de instrucción y guía, pero sé que con el tiempo, maduraré y estaré preparada para presentarme ante mi Salvador Jesucristo, Hijo de Dios, mi creador, quien quita los pecados del mundo y quien tuvo misericordia de mí. Quien me halló digna de llamarme nuevamente en un tiempo de tribulación y soledad.

¿Qué causa resentimiento espiritual? No lo sé.
Pero sí sé lo que produce alegría y satisfacción en tu alma:

¡El amor de Cristo en tu corazón…!

> Señor, gracias por
>   hallarme digna
>   de tu amor y compañía.
>
> Gracias por encontrarme
>   en la jungla de la vida
>   y traerme nuevamente
>   a la seguridad de tu hogar.
>
> Gracias por no abandonarme como
>   otros lo hicieron.
>
> Gracias por las bendiciones
>   y pruebas en mi vida,
>   ya que ellas me fortalecen
>   y me acercan más a Ti.
>
> Gracias por la satisfacción
>   de conocerte íntimamente.

El Espejo de Mi Alma

Gracias por invitarme
   a la gran celebración en tu reino.
Gracias por ayudarme
   a cambiar mi vestimenta
     y así estar correctamente vestida
   para tu celebración.

Gracias por todos mis talentos.

Gracias por esta nueva vida
    llena de aventuras y tesoros
    esperando ser descubiertos
    y disfrutados por nosotros;
    juntos y unidos
    hasta la eternidad.
                Amén y amén.

Job 3:24–26

"Mis suspiros son mi alimento y mis quejidos mi manantial de agua. Lo que temo me abarca y de lo que me escondo me encuentra. No tengo paz o relajamiento; no tengo descanso ya que me acechan los problemas".

Señor,
    Tú sabes mis necesidades.
    Tú has examinado mi corazón.
    Tú sabes mi dolor.
    Tú sabes mis penas.
    Tú sabes mis debilidades
        y mi capacidades.
    Tú conoces mis sentimientos.
    Tú sabes todos los secretos
        que guardo en mi mente,
        alma y corazón.

    Guíame por tu camino estrecho
        que lleva a la salvación.
        Aconséjame, oh Señor.

Abre mis ojos
    para poder ver
    lo grandioso de tu reino.
Abre mis oídos
    para poder escuchar
    la sabiduría de tu Palabra.
Abre mi corazón
    para poder sentir
    el gozo de tu gloria.
Abre mi mente
    para poder entender
    tu plan de salvación
    para mí.   Amén y amén.

Job 4:10–11

Ningún hombre es más grande que Dios.
Ninguna criatura es igual a Dios.
Ningún ser es similar a Dios.
Ningún espíritu es tan puro como Dios.
Ningún pecador escapa del castigo de Dios
    si no se arrepiente de sus pecados
    y confiesa que
    Cristo es Rey, el Hijo de Dios,
    quien murió por nuestros pecados
    para darnos salvación y vida eterna.

Señor,
        enséñame la maldad de mis pecados,
        enséñame el camino,
        guíame por el sendero,
        camina conmigo en la gruta estrecha
        que lleva a la puerta dorada
        de tu adorado reino.

¡Enséñame mi misión!
¡Olvídate de mis pecados!
¡Ten piedad de mí!
¡Ten piedad de mí!

    Amén y amén.

Job 4:12–21

El hombre es imperfecto.
Dios es perfecto.
La humanidad es pecadora.
Dios no es pecador.
La humanidad busca la sabiduría.
Dios es sabiduría.
El hombre es finito.
Dios es infinito.
El hombre está hecho de polvo,
    nuestras casas son y están construidas con
    polvo,
    luego de la destrucción,
    hombre y casa
    vuelven a ser polvo.

¡Dios es Omnipotente,
Su reino no tiene fin!

Job 5:1–5

Señor, ¡cuántas veces mi impaciencia
    me causó problemas y dolor!
¡Cuántas lágrimas he llorado debido
    a mis necedades!
¡Cuántos momentos de soledad he tenido
    debido a que no esperé el momento correcto:
    "Tu tiempo",
    sino que lo hice a mi manera
    causando sólo caos y muchos desastres
    en mi vida solitaria.

Señor, gracias por hallarme digna
    de tu misericordia.

Gracias por llamarme por mi nombre
una vez más, y por darme la oportunidad
de conocerte mejor y de tener una relación
íntima con tu Hijo y mi Salvador:
Jesucristo.
        Amén y amén.

Job 5:6–8

Dios creó un mundo perfecto.
Un mundo en el cual todo
   existía en paz y armonía.
Luego vino el diablo
   y lo viró todo al revés.
¡El resto es historia!

Al Señor le entrego mis súplicas.
Al Señor Dios Todopoderoso le confío mis secretos.
Al Señor Dios Todopoderoso le entrego mi yugo;
   porque sólo Él puede terminar mi dolor.
Sólo Él puede rescatarme de mis enemigos.
Sólo Él puede perdonar mis pecados y dejarme
   reposar en la grama verde.
Sólo Él es mi Salvador, mi amigo,
   mi eterno Compañero amistoso
   hasta la eternidad.

Job 5:21–27

Señor,
    cuántas veces
    me he quejado
    de tus mandatos
    sin darme cuenta
    que era yo tu oro siendo purificado
    en el fuego ardiente
    de tu amor por mí.
Gracias por preocuparte.
                    Amén.

Job 6:1–4

Señor,
> ayúdame
> a soportar
> el dolor
> de perder
> a mis seres queridos,
> y déjame sentir
> tu compasión
> al consolar
> mi alma
> en mis momentos
> de sufrimiento.
> > > Amén.

Job 6:5–10

Señor,
    dame la sabiduría
    y la perseverancia
    de saber esperar
    a que aparezca la luz...
    la luz de tu rostro
    para iluminar el camino
    que he de recorrer,
    y la fortaleza para cargar mi cruz
    sin debilitarme
    y así seguir andando contigo
    hasta el final.
            Amén.

Job 6:18–21

¿Cuántas veces he temido a lo desconocido?
¿Cuántas veces he dejado que el temor a lo desconocido
   se aproveche de mí?
¿Cuántas veces he dudado, Señor, porque no podía ver
   más allá de mis debilidades humanas y reté tus mandatos?
Sólo para encontrarme en una situación peor de la que estaba
   antes de que me ofrecieras tu ayuda.
¿Cuántas veces mi impaciencia
   echó a perder muchos años
   de tus destrezas creativas y purificadoras en mi ser?
¿Cuántas veces, Señor, me llamaste y yo simplemente
   te ignoré y me hice la sorda?
Hasta que decidiste poner punto final
   a mi conducta irresponsable y me llamaste una última vez;
   esta vez captaste mi atención de manera abrupta.

¡Habla, Señor; tu sierva escucha!

¡Gracias por tu amor!

Job 6:22–24

Señor,
> Enséñame tus mandatos
>> con mano firme y sutil
>> para así poder sentir
>> tu presencia a mi alrededor,
>> abarcándome.
> Para así refrescarme
>> en el aliento de tu amor.
> Para sentirme protegida y segura
>> en tus brazos.
> Para saber que no estoy sola.
> No estoy sola.
> Estamos juntos.
>> Amén.

¡Gracias por tu apoyo!

Job 6:25–27

Señor, ¡cuántas veces
    me comporté como los amigos de Job;
    considerando egoístamente mis argumentos y necesidades
    más importantes que las de los demás!
¡Cuántas veces
    he pecado de orgullo
    y amor propio;
    completamente ciega
    a las necesidades de otros!

Señor, gracias te doy
    por llamarme nuevamente a tu rebaño.
Señor, déjame ver a través de tus
    ojos santos
    la mugre que hay dentro de mí
    y poder ver mejor
    las necesidades de mi prójimo;
    déjame verme como Tú me ves,
    déjame sentir mi corazón de la
    forma en que Tú lo sientes,
    déjame descubrir mi alma de la forma
    en que Tú la conoces.

Señor, déjame ver con tus
    ojos santos
    para poder ver lo bueno y lo malo
    en el mundo
    sin caer en las trampas de las apariencias engañosas;
    para no juzgar
    y no estar ciega
    a las necesidades de los demás
    sino alerta y percatada de tu santidad
    a través de los ojos de tu creación.

Job 6:28–30

¡Tenemos tanto en común
   y aún somos tan distintos!

Tú estás limpio de pecados.
Yo soy una pecadora.
Tú eres justo.
Yo soy una pecadora buscando
   la redención de Cristo.
Ambos respetamos y tememos a Dios.
Ambos tenemos pocas pero buenas amistades.
Ambos estamos casados.
Tú te mantuviste leal a Dios.
Yo todavía estoy aprendiendo
   a serle fiel y a confiar absolutamente en Él.
Tú que amaste tanto,
   sufriste profundamente.
En tus tiempos de dolor y agonía,
   Dios estaba contigo.
¡Eres un hombre dichoso!
¡Perdiste tanto! ¡Diste tanto!
Tú eres fuerte.
Yo todavía soy débil,
   pero a través del estudio de la
   Palabra de Dios y la oración,
   estoy aprendiendo a fortalecerme.
Tú has disfrutado de muchas bendiciones.
Tú has sufrido muchas pérdidas.
Te has regocijado con nuevas bendiciones.
Yo también tuve y he tenido
   mi porción de sinsabores y bendiciones;
   y espero pacientemente lo demás.
La vida está llena de aventuras.
La vida está llena de sorpresas.
La vida es una llama de fuego purificador que Dios

utiliza para limpiar y purificar
sus "piedras de oro" predilectas.
A través de bendiciones y tentaciones
Dios nos fortalece, nos prepara
y nos convierte en un instrumento útil
para la gloria de su reino.

PD: ¡Job, espero tener la oportunidad de conocerte…!

Job 7:1–4

Señor,
    cuántas veces anhelé encontrar paz y descansar;
    pero sólo encontré angustia y desesperación.

¿Cuántas veces pensé que me estaba muriendo?
¿Cuántas veces mi vida estaba totalmente descontrolada y
    desbalanceada? Yo también he preguntado: ¿Por qué a mí?
No tengo control de nada.
Debo aceptar y entender la voluntad de Dios.

Tengo que seguir mi rumbo.
Tengo que ser como el viento acariciador que va y viene,
    pero nadie sabe de dónde viene ni adónde va.
¡El viento es un misterio!
La vida es un misterio.
Dios es un misterio
    que quiero descubrir, y disfrutar plenamente
    de la grandeza de sus promesas.

Quiero conocer mejor a su Hijo, Jesús,
    para así poder ver y glorificar fervorosamente al Padre,
Dios Todopoderoso: Yahveh, Dios de los ejércitos.
                                      Amén.

Job 7:5–10

¡La existencia del ser humano es como el viajar del viento!
Al final de la jornada
  nuestros cuerpos se transforman
  como el agua en las nubes
  y nuestros espíritus son libres
  como el viento.

Las olas del mar van y vienen,
  dejando la arena húmeda y preparada
  para recibir los escritos de las huellas
  que los caminantes y viajeros dejarán;
  y así marcarán el camino
  facilitando la senda a otros caminantes
  que más tarde vendrán
  buscando la playa,
  buscando el océano,
  buscando la puerta del reino de Dios
  a través de su creación.

Job 7:11

"No me callaré;
Voy a gritar a todo pulmón el dolor de mi alma;
Me quejaré amargamente de mi existencia".

¡Job, tú eres mi héroe!
Estás cansado y harto;
   y ya no te importa la opinión de los demás.

Cuántas veces me desahogué y dejé mi lengua libremente expresar todos mis pensamientos, ya que estaba cansada de toda la hipocresía a mi alrededor. En otras ocasiones, mi sinceridad grosera me causó muchos problemas; pero, en general, me ayudó a salir a flote en el mar de penumbras.

Mis propias "amistades" y "familia" en ocasiones han sido más crueles que cualquier enemigo mío, conocido o desconocido.

Para hablar adolorida
Para hablar con dolor
Para hablar sobre el dolor
Hablar de dolor es dolor

¡Eso es todo y nada más…!

Job 7:12–19

¿Por qué a mí? ¿Por qué a mí?
¿Qué te he hecho?
¿Por qué me estás acosando?
¿Acaso soy una amenaza para Ti?
¿Soy yo una criatura monstruosa?
¡Déjame en paz!
Ve y acosa a otro
Que hay muchos en el rebaño para escoger.
¿Por cuánto tiempo? ¿Por cuánto tiempo?

Señor, cuán largo y eterno parece ser el proceso de
    purificación del alma.
Señor, cuán difícil debió de ser para Job
    entender y encontrar consuelo para su dolor.
¡Cuántas veces me he sentido igual!
Sólo por no dejarte guiarme.
Porque estaba tan profundamente sumergida en mis
    propios lamentos
    que nada me consolaba.
Entonces abrí mis ojos y me di cuenta de lo
    irresponsable de mi conducta.
Te vi esperándome,
    al final de la vereda estrecha y luminosa,
    para seguir caminando juntos.
                        Amén.

Job 7:20–21

Dios nos creó del polvo
    y al polvo volveremos;
    no cuando nosotros queramos,
    sino cuando Dios así lo disponga.
Nosotros ni siquiera controlamos
    el día de nuestra muerte.
¡Cuán frustrante!
Qué agradable es saber que todos
    nuestros días están escritos
    antes de nuestro nacimiento
    en el Libro de la Vida de Dios.
Así que, aún cuando nos quejamos,
    Dios se ríe, espera y observa cuán bien
    nos estamos moldeando de acuerdo a su voluntad.

Esto no es fácil,
    pero tampoco tan difícil,
    ya que siempre estás conmigo
    para levantarme cuando desfallezco.

Job 8:1–22

Dios lo da todo y lo quita todo.
Dios bendice y da vida.
Dios castiga con mano fuerte
   pero con mano tierna y dócil
     cuida a sus escogidos.

Dios reina con justicia;
   sus juicios son justos y equitativos.

Dios es mi refugio
               mi Redentor
                       mi fortaleza
                               mi amigo.

Job 9:1-4

Mi querido Job:

¡Tú siempre reconoces
 la misericordia,
 la inteligencia
 y la justicia divina!

¡Dios está en control!

Si supieras, que Dios no te puso a prueba.
Si supieras, que Él te amaba y hasta presumía de
 tu persona en el reino.
Si supieras, que Dios te estaba protegiendo
 y salvándote la vida, aunque pensabas que te había abandonado.
Si supieras, cuánto Dios te amaba y estaba complacido contigo.
Si supieras... pero yo sí lo sé y envidio tu relación íntima con Dios.

Dios es grandioso.
Dios es leal.
Dios es misericordioso.
Dios es bueno conmigo.
Amén.

PD: ¡No te desanimes, Job; Dios te está cargando en sus brazos!

Job 9:5–11

Oh, Señor, gracias por hallarme digna de tu compañía.
Cuando estás cerca, te siento.
Cuando me abrazas fuertemente, siento tu contacto.
Cuando me das espacio para crecer, te extraño.
Cuando te veo pasar, te saludo con un guiño diciéndote:
"¡Hola, que tengas un día bendito!"

Mi querido Job,

Dios te estaba cargando en sus brazos y tú pensabas que Él
no estaba cerca.

Jesús,
      gracias por todos los momentos en que me has cargado
      y por los otros que me volverás a cargar.
Espero no ser muy pesada.
                               Amén.

Job 9:15–16

Señor,
    Ayúdame a...
        ser pura como Job
        a temerte y respetarte
        a tenerlo todo y a perderlo todo
        a tener nada y a tener en abundancia.
    El doble o quizás el triple de lo que perdí;
        esa es la recompensa
        de aquellos siervos creyentes de tus promesas y
        obedientes a tus mandamientos.
    Esa es la recompensa
        de aquellos que confían en Ti,
        reconocen y aceptan que
        "Dios está en control".

Gracias, Señor, por nuestro tiempo
    y por tu Hijo Jesús, mi Salvador,
                      mi Redentor,
                            mi amigo.
                                Amén.

Job 9:17–19

Dios siempre está en control.
Dios es Todopoderoso.
Dios es Omnipotente.
Dios es Redentor.
Dios es Consejero.
Dios es Infinito.

No soy digna
   de dudar de la voluntad de Dios.
No soy digna
   de juzgar sus acciones.
Yo soy imperfecta,
   con la vista limitada a ver
   hasta el alcance de mis ojos.
Imperfecta,
   para entender sólo
   lo que Dios me autoriza.
Soy una criatura humana
   buscando perfección,
   sabiduría para seguir creciendo
   y descubriendo los senderos de Dios.

Job 9:20–22

Hablando con el pie en la boca.
¡Combinación de boca y pie;
   muchas veces me llené la boca con mi zapato!
¡Buen provecho!
La lengua, la maldita lengua;
   tan pequeña y tan poderosa.

Señor, ayúdame a controlar
   mi lengua
   mi temperamento
   mis pensamientos negativos
   mis sentimientos pecaminosos.

Gracias por mis talentos.
Gracias por hacer de mí
   un instrumento útil
   para la gloria de tu reino.

Gracias por amarme y disciplinarme
   cuando me descarrilo.
Gracias por hallarme digna de
   tu misericordia, compasión y redención.

Hoy es un buen día.
Gracias te doy, Señor, por este día.
Hoy el sol brilla alto en el horizonte.
Gracias, Señor, por este día tan hermoso.
La brisa me acaricia
   y tu mensaje de esperanza,
   justicia y paz
   va viajando en el silbido del viento
   sobre la faz de la tierra.

El Espejo de Mi Alma

Gracias, Señor, por escuchar las peticiones y plegarias
   de ésta tu humilde sierva.

Señor Jesús, Tú eres mi mejor amigo.
Te extraño. Busco tu compañía.
Añoro tu presencia
   cuando no estás cerca de mí
   rodeándome de tu amor y paz.
Jesús, ¿acaso me extrañas cuando no estamos juntos?
Yo te extraño porque te amo.
¿Acaso te veré pronto? Yo oro que así sea.
Tu mirada es un manantial de amor para mí.
Tu luz es necesaria para mí.
La Eucaristía es la vía de nuestra unión.
                                  Te amo,
                                      Yo

Job 9:23–24

En las buenas y en las malas
  Dios siempre está en control...
No importa cuán desesperante
  aparente ser nuestra situación,
  Dios nos carga en sus brazos.
Dios me está cargando
  y no me deja caminar
  sola y descalza.

Luego de la tormenta,
  siempre sale el arco iris.
Luego de la guerra,
  viene la paz.
Después de llorar, nos reímos.
Luego del desorden,
  viene el orden.
Después del sufrimiento,
  viene la felicidad.
Después de la soledad,
  encontramos a un compañero.

Gracias, Jesús, por tu amor.

Tu hija rebelde,

Yo

PD: ¡Me encanta la forma en que me estás moldeando a tu antojo!
  ¡No te des por vencido; estoy aprendiendo a ser más como Tú!

Job 9:25–26

¡El tiempo vuela…!
Se fue la felicidad…
Desesperación y tristeza
   son mi compañía.

Señor, déjame ver a través de tus ojos
   cuando estoy triste.
Déjame oír con tus oídos
   las alabanzas,
   las glorias y las adoraciones
   a tu santidad
   para así no escuchar mis lamentos.

Déjame tocarte con la certeza y la confianza
   de que siempre estás conmigo;
   en las buenas y en las malas,
   en salud y en enfermedad.
Hasta la eternidad,
   glorioso es tu nombre.
                Amén.
                        Te amo, Jesús.

Job 9:27–32

Oh Job,
    tus lamentos,
    mis lamentos,
    los lamentos de otros siervos;
    todos son susurros en los oídos de Dios.
Son una brisa suave
    que acaricia sus oídos
    recordándole de nuestras penas
    y pidiéndole que nos envíe
    al Espíritu consolador...
    ¡el Espíritu Santo!

Dios es grandioso.
Dios es justo.
Dios es misericordioso.
Mi Señor Jesús es amoroso.
Mi Señor Jesús conoce
        el hambre del hombre,
        la sed humana,
        las lágrimas humanas,
        y el dolor humano.
Jesús es...
    mi redentor
    mi mejor abogado...
    y mi intermediario ante Dios.
Él es mi amado y mi mejor amigo.

    Gracias, Jesús.

Job 9:33–10:2

Dios mío, Dios mío, ¡cuántas veces, al igual que Job,
te dije: *"No permitas que me equivoque. Déjame
saber el porqué estás en contra mía!"*[1]

Simplemente porque no accediste a mis caprichos
sino que lo hiciste de la forma correcta:
"a tu manera".

Señor, igual que permitiste que Job honestamente y sin
sutileza se desahogara de todas sus frustraciones y
pacientemente escuchaste todas sus quejas sin
enojarte con él;
    te imploro, Señor, que te acuerdes de esos días en que
    yo me quejo constantemente de tonterías que no
    tienen importancia.

Gracias por guiarme
con tu inmensa sabiduría, Padre Celestial.
                  Amén.

PD: Gracias por compartir a Jesús conmigo.
Gracias por mis hijos, ya que juntos crecemos unidos
en el conocimiento y amor por tu Santísima Palabra.
Gracias por mi esposo; y por permitirme ser un
instrumento útil para Ti en su vida.
Gracias por hallarme digna de tu amor,
compasión y salvación.

---

[1] Job 10:2

Job 10:3–8

Job duda de la humanidad de Dios

"¿Acaso tienes ojos humanos?
¿Acaso ves como un ser humano?
¿Acaso son tus días como los días de los mortales;
  y tus años como nuestras vidas?..."

Me pregunto, mi Dios, si después de haber escuchado
    estos comentarios de la boca de tantos de tus súbditos,
    fue que decidiste enviar a Cristo.
Quién mejor que tu propio Hijo
    podría explicarte
    los deseos humanos
    las necesidades humanas
    los caprichos humanos
    el dolor humano
    la alegría humana
    la dicha humana
    la necesidad de un "Salvador humano"...
    para la humanidad.
Un Salvador que pudiese interceder y abogar por nosotros;
    cuando nuestras debilidades y ambiciones humanas
    nos causaban tantos problemas.
La razón, a la verdad, no importa.
Yo estoy muy contenta de que decidieras enviar a tu Hijo
    Jesús
    a hablarnos de tu Palabra,
    para enseñarnos que el único sendero para la salvación
    y la redención es a través de la puerta estrecha: Jesús.

¡Gracias, Señor, por Jesús!

Job 10:9–22

Job estaba completamente desesperado y viviendo en
penumbra cuando le pregunta a Dios el porqué lo dejó vivir
y no lo mató el día de su nacimiento.

Me puedo escuchar diciendo: "¡Yo no pedí haber nacido!"
¿Para qué me trajiste a este mundo? ¡Tú me creaste,
me dejaste nacer y vivir; así que ahora me tienes que soportar!

El egoísmo,
   oh, el egoísmo,
      tienes bien agarrada a toda la humanidad.
¿Acaso disfrutas de tu poder?
Uno a uno
   nos iremos desligando
      de tu reino caótico y será entonces
      cuando seas destruido.
Seremos liberados de tu esclavitud.
Un estado de esclavitud que tú creaste.

Job 11:1–6

Amistades, ¿quiénes son tus amigos?

Amistades buenas.
Amistades honestas.
Las amistades hipócritas
   son enemigos ocultos
     pretendiendo ser amigos:
¡Judas!

Amistades prudentes.
Amistades escandalosas.
Las malas amistades
   son aquellas que tienen buenas intenciones
   cuando te dan un consejo,
   pero su palabra es veneno y no medicina
   para el convaleciente.
Ellos te causarán muchos problemas;
   sin pensar en las consecuencias de sus acciones.

Amistades leales.
Amistades tristes.
Amigos en general.
Nosotros las buscamos.
Ellos nos buscan.
Nos buscamos y escogemos.

Ninguna de estas amistades, sus consejos,
   sus instrucciones ni su inteligencia
     son mejores que
       el amor eterno, fiel, celoso, tierno, apasionado de Jesús.

Job 11:7–12

Dios, el protector de nuestras vidas

Dios lo sabe todo...
        lo ve todo...
              lo creó todo...

Dios es justo y puro.
    Es confiable.
    Es leal y persistente.
    Nos escucha atentamente.
    Nos juzga equitativamente.

Dios siempre está atento...
            a nuestras necesidades
            a nuestros caprichos
            a nuestras quejas
            a nuestras faltas
            a nuestros pecados
            a nuestro amor
            a nuestro arrepentimiento
            a nuestra salvación.

Dios es nuestro Padre
        Creador
            Redentor.

¡Dios es todo esto y mucho, mucho más...!

Job 11:13–16

Mi amado Jesús:

Gracias te doy, nuevamente, por usarme para la gloria de tu reino.

Y Jesús dijo:
> *"Busca y encontrarás.*
> *Pide que se te dará*
> *Toca y se te abrirá la puerta".*

Busca el perdón de Dios.
Pide su ayuda gloriosa y misericordiosa.
Toca la puerta del cielo
    y entra caminando por la puerta estrecha:
    Jesús.
Camina por el camino dorado
    que te llevará al Padre…
    ¡y allí seremos juzgados
    de acuerdo a nuestras culpas!

Job 11:17–20

"Tú debes sentirte seguro,
  ya que hay esperanza;
  tú debes mirar a tu alrededor
  y acostarte tranquilo,
  y así descansar sin que nadie te moleste".

Luego de la tempestad,
  viene la calma climatorial
  y un hermoso arco iris.
Luego de la destrucción total
  viene la reconstrucción.
Después de la muerte,
  viene la vida…
  la vida eterna.
Tus acusadores
  son juzgados y dispersos.
Los jueces
  son juzgados y condenados.
Tus amigos
  son una compañía agradable.

El Señor,
  tu Salvador,
  tu Redentor,
  el supervisor de tu vida,
  tu protector,
  Guerrero poderoso
  Gran Consolador.

¡Él lo es todo para mí…!

Job 12:1–6

Sabio, ¿quién es el más sabio de todos?

¡Tú crees que eres sabio,
   pero yo también soy sabio!
¡Cómo te atreves a cuestionar mis decisiones y juicios!
¡Cómo te atreves a regañarme por mis lamentos y quejidos!

¡Tú crees que eres más sabio,
   pero tu aclamada "sabiduría"
   es conocida en toda la creación!

¿Acaso no soy yo justo ante los ojos de Dios?
¿Acaso no soy perfecto de acuerdo a tus medidas?
Yo tomé por supuesta nuestra amistad
   y hasta me halagaba de eso.
Y ahora, muy humilde, me encuentro yo
   con los oídos sordos de Dios...

¿Dios, acaso me escuchas?
¿Acaso estás allá afuera?
¿Acaso te importa?
¿Acaso me debe importar a mí, si a Ti no?
Contéstame, Señor, abre Tus oídos a mis súplicas.
¡Ten misericordia de mí!
Mis vecinos se ríen de mí
   y se alegran de mi miseria.
¡Por cuánto tiempo, oh Dios,
   por cuánto tiempo
   me vas a seguir tratando así;
   sin embargo,
   proteges la casa del hombre impío e injusto
   que vive cerca de mí!

El Espejo de Mi Alma

¡Y la sabiduría de mis amigos…!
¿Qué sabiduría?
Nada nuevo que decir
Nada.
Nada.
Sólo repitiendo las palabras de otros hombres
   inteligentes y sabios.

La sabiduría muere con aquellos
   que se vanaglorian en su conocimiento
   y su ceguera
   no los deja ver
   sus necedades.

Abre mis ojos, Señor,
   para que pueda ver con claridad
   cuando estoy equivocada
   y dirígeme en el camino
   que lleva a la salvación.
                    Gracias, Jesús.

Job 12:7–13

La sabiduría de los años

Algunas personas piensan que los ancianos son más sabios debido a que han vivido más que el resto de nosotros. Los ancianos son más sabios debido a que la vida les ha enseñado lecciones valiosas que les ayudaron a crecer y madurar. Mientras más vivas, tendrás más experiencias, confrontarás más situaciones y tendrás más encuentros en tu vida.

Yo sólo tengo 40 años y no le deseo mis largos años de dolor y sufrimiento de mi adolescencia ni a mi peor enemigo. Esos años dejaron muchas cicatrices en mí, pero yo también aprendí de mis errores y de los errores de otros. De esas experiencias yo aprendí a tomar decisiones más inteligentes y más maduras en el futuro.

Pero Dios ha vivido siempre. Él lo creó todo. Él ha visto a los seres humanos cometer un error tonto tras otro. Y su comprensión y paciencia son tan grandes que Él nos dio a su único Hijo para enseñarnos el camino de Dios a través de la boca de Dios
>que vivió entre nosotros,
>>sus leyes
>>su Hijo
>>mi Señor
>>mi Salvador
>>mi Redentor Jesucristo
>>mi amigo

La sabiduría viene con los años.
El conocimiento viene con la sabiduría.
El entendimiento viene con la paciencia.
El asesoramiento viene con el entendimiento de que el
   conocimiento te traerá la sabiduría.

Señor, ayúdame a ser más paciente y comprensivo
   para así poder asesorar a otros
   con el conocimiento de tu Palabra.
Amén.

Job 13:1–6

¿Quién es el más sabio?

¿Quién es el más sabio entre nosotros?
Todos nos consideramos sabios,
   y debido a mi miseria...
      ¡...tú crees que eres más sabio que yo!

¿Cómo te atreves a venir aquí y regañarme,
   hacerme cuentos
   y darme consejos
      cuando tú estás pecando de orgullo espiritual?

¿Cómo te atreves a venir aquí y proclamar tus
   propias virtudes y el derecho
   a hablar de parte de la sabiduría de Dios?

Pero déjame decirte una que otra cosa:
Yo también soy sabio.
Yo también soy fuerte.
Yo también necesito que alguien me escuche,
   y quisiera regañar a unos cuantos también.

Ve y sácate la viga de tus ojos
   para que puedas ver mejor y ayudarme
      a quitar la paja que hay dentro de mi ojo.

Tú no sabes nada
   y yo lo sé...
      ...¡así que mejor vete a caminar
      y de una vez por todas déjame en paz!

El Espejo de Mi Alma

Yo prefiero tu silencio
   a tus consejos
Yo prefiero tu silencio
   a tu falsedad
Yo prefiero tu silencio
   a tus tonterías
   y a esas palabras vacías que
   quizás tú quieras decir...

Yo prefiero tu silencio
   en vez de tus juicios
   ya que los juzgados humanos
   son un chiste para Dios...
   quien lo ve todo
   quien lo sabe todo
   quien juzga sabiamente
   y es imparcial
   de acuerdo con nuestras acciones.

Gracias,
   y no gracias
   por tu "sabiduría".
Creo que mejor me quedo contemplando
   todo el panorama
   con mis propios ojos
   e invito a Dios
   a que venga a sentarse conmigo.

Job 13:7–19

Cállate y déjame solo

Mi querido Job:

Estás harto de tantas babosadas; ¿pero quién puede culparte?
Yo recuerdo una o dos ocasiones (quizá más) en que a
 mí me acusaron falsamente. En aquellos días yo también estaba
 bien enojada. ¡Una injusticia cometida en contra mía!
¡Qué momento más perfecto para aprender a ser humilde y a tener
 una relación íntima con el Señor!

Puedo leer que eres el mejor abogado de tus tiempos.
No más intermediarios, tus amigos.
¡No más jueces humanos considerados "limpios de pecados",
 que continúan regañándote
 y que olvidaron
 que ellos también serán juzgados!

¿Deberíamos llamarlos hipócritas?
Yo prefiero tus palabras: "¡Cállense y déjenme solo!
Para que así pueda yo hablar y desahogarme también".

En mi época eso se llama "sacárselo del pecho".
Esta es una forma muy extraordinaria de decir todo lo que
 tienes en la mente sin importarte nada "cómo" se sentirá,
 "qué" pensará el oyente luego de escuchar tus palabras
 fuertes como "vientos huracanados".

Sé que estás muy enojado,
 y tienes toda la razón y el derecho de sentirte así.
Yo también estaba muy enojada y acongojada cuando fui
 tratada injustamente y con las manos atadas detrás de mi
 espalda, ya que no podía hacer nada al respecto.

El Espejo de Mi Alma

En mi caso, yo fui capaz de desarrollar una relación más
   profunda con Jesús,
               El Hijo de Dios
               El Mesías
               El Redentor
               El Salvador
Mi mejor y más leal intermediario ante Dios.
                                 Dios Padre
                                 Nuestro protector
                                 Nuestro creador.
Sin nosotros saber cómo, Él se hizo carne y hueso y
   vivió entre nosotros en la tierra, predicó el evangelio del
   reino de Dios, y se convirtió en nuestro intermediario ante
   Dios y otros.

Estoy ansiosa por leer el resto de tu historia.
Tú eres un hombre muy íntegro, limpio de pecado y justo.
Ya me hubiese gustado conocerte personalmente.
Pero no es problema ninguno.
¡Yo sé que te veré y tendré la oportunidad de conversar contigo
   al final de los tiempos!

¡Qué arrogante de mí pensar que estaré entre los elegidos!

Señor, perdona mis pecados
Enséñame a ser humilde
Edúcame
Moldéame
Y recuérdame siempre de tu amor
                       misericordia
                       compasión
                       poder curativo
                       protección
¡Pero más que nada, no me dejes
   dar por supuesta nuestra relación
   ya que eso me llevaría al orgullo

El Espejo de Mi Alma

y el orgullo conduce al pecado,
y el pecado conduce a la muerte sin descanso eterno!

¡Gracias por perdonarme y por corregirme!
Te amo,
Yo

Job 13:20–27

Valor y confianza

Hace falta tener mucho valor y confianza
   en el Señor de los ejércitos
     para pedirle que te hable directamente.
No más representantes.
No más intermediarios.
No más juegos de esconder.

Aquí y ahora.
Vamos a hablar Tú y yo.
Dime, por favor, dime
¿Qué te he hecho para merecerme
   todas estas calamidades?
Por lo menos déjame saber mis faltas y mis pecados
   para poder entender y aceptar mi castigo.

Te estoy demandando tu atención.
Te estoy suplicando que me escuches.
Listo o no, voy 'pa' allá'
   a abogar mi caso contigo.
Saca tu libro
   que yo tengo mis papeles listos y en orden.

¡Nos vemos en el Salón de Mediación!

Gracias y amén.

Job 14:1–3

Paloma de paz, ven a mí y ayúdame
a volar hacia Dios

Job está acusando a Dios de tenerla tomada con él.
En el versículo él dice: *"El hombre nacido de mujer tiene una vida*
corta y llena de problemas".
Job está frustrado porque, en su humanidad,
    él no puede comparar su existencia con la de Dios.
Su vida es tan larga como Dios así lo quiera y le permita vivir;
    ni un día más ni un día menos.

En el tercer versículo Job prácticamente dice: *"Oye, Tú, ¿por qué*
no te vas a molestar a otra persona de tu propio tamaño? Pero
no, tienes que tenerla tomada conmigo, ¡y encima de eso
también me traes para ser juzgado…!"

Una sola cosa, ¿y para qué?
¡He vivido una vida limpia de pecados sólo para Ti!
¡He obedecido tus mandamientos y tus leyes!
Te he adorado y he temido este día del juicio.

Debe de ser muy gratificante el ser Todopoderoso para tenerla
    tomada con un ser humano nacido de mujer cuyos días
    están contados y marcados en tu libro.
¡Esto no es justo! Por lo menos no para mí.
Por qué no vienes y bajas aquí donde estoy
    uno a uno
    cara a cara
    de Dios a ser humano,
    de ser humano a Dios
Vamos a discutir nuestras diferencias
    y dejar que el río corra su cauce.
¿Qué crees?
Gracias por escucharme.

Job 14:4–22

Cuando el hombre muere, todo el vigor se va

El hombre muere y es nada.
Hasta el Día del Juicio de Dios,
   la naturaleza puede crecer y crecer,
     la naturaleza se siente rejuvenecida cuando recibe agua.

Pero el hombre desaparece y es enterrado.
¡Dios siempre está presente y en control de toda su creación!
Nuestros pecados Él puede decidir
   que los esconderá y se olvidará de ellos.
Pero también puede Él decidir que nos va a juzgar y
   recibimos nuestra recompensa o castigo
   de acuerdo a nuestras acciones.
   Sólo nuestros cuerpos sufren dolor, y nuestra alma se purifica
con el sufrimiento.

Señor,
     Ayúdame a entender tu voluntad para mí.
     Ayúdame a aceptar tu voluntad en mi vida.
     Ayúdame a mantenerme fuera de las trampas y garras
       del demonio.
     Cúbreme durante las tentaciones.
     Vísteme con tu armadura y escudo
       para que siempre esté fuerte cuando me siento decaída
       para que siempre esté alerta y lista para la batalla
       cuando mi carne es débil y me quedo dormida en lugar de
       estar en vigilia.

El Espejo de Mi Alma

Señor,
      Moldéame
      Estírame
      Modifícame
      Límpiame
      Enséñame
      Corrígeme
      Perdóname
      Bendíceme

Ten misericordia de mí
   para que aún cuando caiga y te defraude,
   tenga todavía el coraje para seguir caminando
   sabiendo que estás conmigo guardándome.
                          Gracias, Señor.
                               Amén.

Job 15:1–25

Un hombre limpio de pecado a quien llaman pecador

Pobrecito, Job, aun sus amigos lo comparan con los impíos y atormentados que pecan contra Dios.

Ellos están convencidos de que la miseria de Job es el resultado de algún pecado en contra de Dios.

Ellos lo siguen culpando por su dolor y aflicción y no tienen compasión de él.

Si sólo ellos supieran, que aun cuando Job comenzó a abogar
su causa ante Dios,
él era un hombre justo,
limpio de pecados,
obediente
y temeroso de Dios.

¡No te des por vencido, Job!
Dios está en control y está muy complacido contigo.

Job 15:26–35

¿Pecador, quién, yo? ¿Quién dice eso?

Ser inocente
  limpio de pecados
  y temeroso de Dios,
  y ser igualado
  con extorsionadores
  impíos
  y pecadores...
    ¡es el insulto más grande que se le puede decir a un
      hombre justo!

Palabras groseras y precisas
Palabras llenas de calumnias sin prueba ninguna
  para confirmar las acusaciones.
Otra espina penetrando profundamente en tus heridas.
Otro golpe para tu alma adolorida.
Otra flecha envenenada que viene hacia Ti;
  las mentiras de los ignorantes
  haciéndose pasar por sabios.
Igualmente, los amigos de Job
  le acusaron injustamente,
  y palabras crueles abrieron más profundamente las
  heridas de su alma.
Yo también te he hecho lo mismo a Ti, mi Jesús;
  cuando te negué
  usé palabras groseras en contra de mis amigos cristianos.
Yo hablé falsamente
  y juzgué a otros
  sin haber sabido todos los detalles de la situación.
Yo, también, he actuado como los amigos de Job
  y estoy avergonzada de mi conducta
  pero tengo que admitirlo.

El Espejo de Mi Alma

Señor,
      dame un corazón sagaz
      para poder distinguir
      entre la verdad y la mentira,
      entre el amor y la hipocresía,
      entre lo justo y lo injusto,
      entre la alegría absoluta y
      la soledad y el sufrimiento.

Gracias, Jesús, por tu amor
   y por constantemente guiarme en mi caminar.
                                       Te amo,
                                            Yo

Job 16–17
Testigo en el cielo

16:19: "Aún ahora, mi testigo está en el cielo y mi representante en lo alto".

Job está mirando al Padre como el único testigo en el cual él puede confiar para ser su fiscal ya que sus supuestos amigos "justos y sabios" lo están acusando con puras calumnias.

Señor,
    desde el presente al pasado,
  todos hemos invocado tu nombre
    como una fuente de confianza,
    como una fuente de perdón.
  Todos hemos buscado tus consejos
    para guiarnos en tus formas tan gratas
    y te hemos pedido que nos mantengas fuera de las
    trampas y garras del demonio.

  Y un día te diste cuenta
    de que la humanidad y los seres humanos
    somos seres imperfectos
    creados por un Dios perfecto
    dispuesto a purificarnos con fuego
    al igual que a una piedrecita de oro.

  Primero fue el Padre
    quien junto y en unión
    con el Hijo
    y el Espíritu Santo

El Espejo de Mi Alma

lo crearon todo.
El hombre Dios
   nacido de mujer...
  y concebido por el Espíritu Santo
  para darle a la humanidad un rostro
  al cual poder mirar sin pena de muerte
  para darle a la humanidad un Maestro,
          un Rabino,
          un Mesías,
          un Redentor,
          un Salvador
  para aquellos que buscan la salvación
  para aquellos que buscan un rostro
  para aquellos que buscan un nombre
  para aquellos que buscan una conversación íntima con Dios
  con una respuesta inmediata
  con una voz dulce y refrescante
  con un corazón tierno y bondadoso
  con una fuente de conocimiento infinita
          sobre tu Palabra,
          sobre el mundo,
          sobre tu reino,
          sobre tu plan de salvación.
Dios se hizo hombre.
El hombre es siervo de Dios,
  juntos,
  y en unidad con el Espíritu Santo
  ellos trabajan juntos
  para quitar las iniquidades
  para preparar y fertilizar el terreno
     con amor
     compasión
     devoción
     fortaleza
     sed de conocimiento
     espíritu de comprensión
     espíritu de entendimiento

espíritu de curiosidad
para mantenernos buscando
más y más de Ti.
Luego de habernos preparado,
    Tú comienzas a echar semillas;
    semillas de diferentes talentos y virtudes
    semillas que crecerán hasta convertirse
                en una planta
                  en una flor
                  en una fruta
                  en una yerba
                  en un vegetal
    para así recoger el fruto de tu cosecha.
Cuando el tiempo de la cosecha llega,
    entonces recogerás muchos baldes de frutas
    y quemarás la yerba que son nuestros pecados e
    iniquidades para permitir el desarrollo del espíritu
    para así poder crecer en conocimiento
    para purificar nuestras almas
    y así estar preparados
    para el Día del Banquete
    celebrando el triunfo sobre la muerte en
    la celebración de las Bodas y el reino de Jesús.

Gracias, Señor,
    por sembrar en mi corazón
    por irrigar mi mente
    por limpiarme
    por fertilizar mi alma
    con los mejores ingredientes orgánicos:
    tu Palabra,
    la Santísima Biblia. Amén.

Job 17:9: "Sí, el justo mantendrá su curso y aquel con manos limpias se fortalecerá".

Reflexiones Mientras Camino con Dios y Jesús

San Juan 17:24–26: *"Padre, ellos son mi regalo para ti. Deseo que donde yo estoy, ellos también estén conmigo para que vean la gloria que me diste debido a que me amas desde antes de la creación del mundo. Padre justo y bondadoso, el mundo no te conoce, pero yo sí te conozco y ellos saben que tú me enviaste. Yo les revelé tu nombre y compartiré con ellos nuestro amor para que ellos lo sientan y así residan ellos en mi corazón y yo resida en el corazón de ellos".*

Moldéame a tu antojo

Mi amado Señor:

Es un poco temeroso pero a la vez placentero
   el llegar a conocer y reconocer esta nueva etapa
   de mi desarrollo espiritual
   conocida como "La noche oscura del alma".

Me da muchísima vergüenza admitir que pequé y todavía cometo
   los "siete pecados capitales" según nuestra relación espiritual
   se va haciendo más profunda.

Estoy contenta de que Tú me hayas enseñado mis debilidades
   y me hayas provisto de las herramientas necesarias
   para enderezar mi camino y fortalecer mi alma.

El querer imitar la vida de Cristo
   es un estilo de vida y una responsabilidad grandísima
   que no puedo llevar sola.

Estoy muy agradecida por tu amor,
   misericordia, compasión y por darme ánimo
   durante esta etapa de sequedad espiritual.

Te suplico que continúes moldeándome
   con tus manos fuertes y tiernas;
   para así poder convertirme
   en la persona que Tú quieres que yo sea.
La persona que Tú necesitas que yo sea.
La persona que Tú sabes que yo puedo ser
   para la gloria de tu reino.

PD: Te amo Jesús.

Leyes humanas contra leyes divinas

Debido a que algunas conductas o situaciones están basadas en
 leyes humanas, eso no las hace necesariamente leyes justas ante
 los ojos de Dios y en consonancia con sus mandamientos divinos.

Buscar primero el reino de Dios
 es nuestra primera razón de vivir.
La búsqueda de las virtudes y la sabiduría
 facilita el alcance de la perfección.
El imitar a Cristo
 es un mandato sagrado a todos sus seguidores.
El perseverar durante momentos difíciles
 es la marca de los cristianos.
Una conducta humilde
 es el mejor testigo que tenemos
 con un mensaje muy poderoso y valioso ante los demás.
Con esta conducta
 hablamos con palabras firmes y seguras
 sin articular una palabra con nuestras lenguas.
¡Autodisciplina, autocontrol y una entrega total a la voluntad de Dios
 es nuestra meta!

Ayúdame, Señor, a alcanzar el nivel que necesito para así estar
contigo en la eternidad.

¿Quieres venir a caminar conmigo?

Mi amado Señor:

Gracias por hallarme digna de tu amor, misericordia,
   compasión y redención.

Ayúdame
   a seguir creciendo en el conocimiento de tu Palabra.
Fortaléceme
   para soportar las vicisitudes y el peso de mi cruz al seguir a Cristo.
Regocíjate conmigo
   en el conocimiento de tu amor y lealtad hacia mí.

Ayúdame
   a mantenerme firme en mis convicciones.
Ayúdame
   a buscar tu rostro y tu ayuda
   antes de buscar ayuda de otros seres humanos.

Refresca mi alma e ilumina mi sendero con tu divina presencia
   en mi vida diaria.
Cuando esté enferma o débil,
   protégeme bajo tu mano derecha.
Cuando sea orgullosa,
   hazme humilde con tu piedad y bondad.
Cuando esté triste,
   susúrrame en mi oído una nueva canción.
Cuando me pierda,
   búscame, encuéntrame y devuélveme al rebaño de Cristo Jesús.
Cuando esté sola, acompáñame.
Cuando me muera, dame vida a través de Cristo.

Reflexionando sobre nuestra amistad, Señor Jesús

Mi amado amigo Jesús:

¿Cómo estás hoy? Yo estoy cansada, ya que anoche no dormí muy bien. Quizás porque he hecho a un lado nuestros momentos íntimos y he estado ocupada con actividades del diario vivir.

¡Te extraño!

Lamento haberte ignorado de esa manera tan brusca y cruel.

Hoy decidí escribirte esta carta para dejarte saber lo mucho que disfruto nuestros momentos juntos e intimidad espiritual. Aprender a cargar mi cruz a veces es algo difícil y molesto. Pero cada vez que me siento de esa manera, me da mucha vergüenza, ya que Tú cargaste una cruz mucho más grande y pesada que la mía por la redención de los pecados de la humanidad (incluyendo los míos), y Tú no te quejaste.

Oh, Jesús, te amo y te necesito bien cerca de mí cada día más y más. ¿Qué es esta sensación de angustia y de desesperación cuando no siento tu presencia a mi alrededor? ¿Acaso es esto un pecado? ¿Es acaso el comienzo de un nivel espiritual nuevo, el cual deseo tener pero a la vez soy un poco cautelosa?

> Purifica mi alma.
> Purifica mi lengua.
> Glorifica tu nombre en mí.
> Moldéame a tu antojo.
>
> Tú eres mi redentor.
> Tú eres mi amado.
> Tú eres mi amigo.
> Tú eres la razón de mi vivir y mi cordura.

El Espejo de Mi Alma

¡Tú eres el aire que respiro!
Tú estás en cada latido de mi corazón.
Tú eres la llama que calienta mi vida.
Tú eres el sendero que disfruto al caminar.
Tú eres el agua que sacia mi sed.
Tú eres el viento sutil que acaricia mis mejillas
   refrescando mi rostro y mi ser.
Tú eres el Alfa y la Omega.
Tú estás siempre presente
               para aguantarme,
               para apoyarme,
               para protegerme,
               y para escucharme.
Tú eres verdaderamente
  mi mejor amigo.

Gracias, Jesús, por tu amistad
y por nuestros momentos íntimos.
               Te amo,
                 Yo

Gracias, Señor, por...

Señor,
      gracias por ayudarme a entender y
      por darme la sabiduría necesaria
      para aceptar tu voluntad, no la mía,
      en este nuevo amanecer que me has dado.

Gracias por tu amor,
    tu compasión,
    tu paciencia
    tu misericordia
    durante todos estos años que me pasé pensando y recordando
    un pasado penumbroso que no puedo cambiar.
Un pasado del cual puedo aprender
    a evitar tentaciones y prevenir
    los mismos errores tontos del ayer.

Gracias por darme una segunda oportunidad
    de mirar con tus ojos poderosos y curar
    la ceguera de los míos.
                     Amén.

Martes Santo

Oh, Señor,
    en este Martes Santo solemne
    mientras tu único Hijo y mi Salvador
    se prepara para el Calvario...

    ... ayúdame a ver más allá de mis ojos
    ... ayúdame a oír con un oído agudo
        para así poder entender y aprender
        de la sabiduría y el conocimiento
        de aquellos que vivieron
        antes que yo,
        y prepararon el camino
        para mi desarrollo espiritual.
                Amén.

Espérame con un pedazo de pastel

Señor,
    mientras camino
    en la noche oscura de mi alma,
    yo siento tu presencia
    pero no muy cerca de mí.
Sé que estás conmigo
    pero muy lejos;
    me estás retando a caminar
    más profundamente hacia la luz.

Veo tu presencia
    en la cima del monte Sinaí.
Puedo oler tu presencia a mi alrededor
    con el acariciar del viento.
Puedo sentir tu fuerza
    según me aproximo a Ti.
Cada paso, por pequeño que sea,
    me acerca más a Ti.

    ¡No te vayas!

    Por favor, espera por mí...

La carretera es áspera y
    el pavimento no está nivelado.
Es bien difícil caminar rápido
    para llegar a Ti.

Sólo siéntate.
Cómete tu almuerzo.
Espérame.
Yo estaré contigo
    para cenar juntos.

El Espejo de Mi Alma

Tu sierva amorosa que está aprendiendo a practicar lo que predica, Yo

PD: Guárdame un pedazo de pastel. ¡Huele muy bien!

El Buen Pastor

Jesús es el buen pastor,
    quien guarda fervorosamente
    y ama profundamente
    las ovejas de su rebaño.

Como un buen pastor,
    Él se preocupa y ora
    por aquellos que se quedaron atrás
    y por aquellos que vendrían
    detrás de los primeros apóstoles.

Oh, tierno y cariñoso, Jesús
    antes de mi nacimiento...
    Tú me amabas,
    Tú te preocupabas por mí,
    Tú orabas fervorosamente
    por mi bienestar
    y el bienestar de muchas generaciones por venir...

Oh, tierno y cariñoso, Jesús
    al igual que el Padre
    se preocupó por Ti y te fortaleció
    mientras estuviste en la tierra,
    Tú te preocupaste por nosotros.
    Tú te preocupaste por mí.

Gracias, Jesús,
    por orar por mí.
Gracias, Jesús,
    por mantenerme fuera
    de las garras del maligno.

El Espejo de Mi Alma

Gracias, Jesús,
  por fortalecerme durante mis tentaciones
  y cuando solamente la oscuridad era mi
  compañera diaria.

Gracias, Jesús.
Gracias, Jesús.
Gracias.

Te amo.

Tu oveja perdida que encontraste y regresaste a tu rebaño,
                                                        Yo

PD: ¡Gracias, Jesús, por preocuparte!

Mientras camino con Jesús

Mi amado Dios:

Mientras camino con Jesús en la noche oscura de mi alma,
 fortaléceme, purifícame, enséñame la luz al final del camino.
Mientras camino con Jesús en la noche oscura de mi alma,
 aliméntame, consuélame,
 enséñame el próximo nivel que quieres que camine con Jesús.
Mientras camino con Jesús en la noche oscura de mi alma,
 purifícame con el fuego de tu Palabra Sagrada.
Consuélame con la sabiduría de tu Palabra Sagrada.
Protégeme con tu armadura, oh Dios.
Fortaléceme con el escudo y el yelmo de la salvación
 y permíteme protegerme con la espada de tu Espíritu.

Mientras camino con Jesús en la noche oscura de mi alma,
 recuérdame que para satisfacer mi sed en el río de agua viva...
 ... tengo que caminar en el desierto
 ... tengo que entregarme totalmente a Ti
 ... tengo que aprender a escuchar tu voz en el silencio,
  ya que en el silencio es cuando Tú me hablas,
 ... tengo que aprender a confiar completamente en Ti;
  sin dudar de tu palabra,
 ... tengo que aprender a caminar en la oscuridad con Jesús
  como mi luz y mi salvador para poder alcanzar el próximo nivel
  donde nos volveremos a encontrar.

Gracias por preocuparte por mí.

Tu hija, Yo.

Buscando la perfección

Oh Señor,
    según me enseñas
    durante nuestras conversaciones diarias
    mi conducta pecaminosa y vergonzosa
    mis debilidades
    mi fuerza
    mis talentos no completamente desarrollados
    las virtudes que me diste
    y mis regalos para Ti

Ayúdame
    a caminar con paso firme y seguro
    a través de estas horas de penumbra…
Para así seguir buscando
    tu rostro de paz en el medio del caos…
Para así seguir buscando
    tu mano derecha
    en medio de las nubes
    que cubren la luna durante la noche
    dejando sólo tinieblas y oscuridad…
Para así confiar en tu luz divina
    para guiar mis pasos
    en esta etapa de mi vida.

Gracias, Señor, gracias
    por tu amor, tu compasión y mi redención
Sigue agitando mi alma
    para siempre buscarte
    para sentirte cerca de mí
    para reconocerte
    para descansar en tus brazos segura
    hasta la eternidad.
                Amén.

Disfrutando tu creación

Mi amado Jesús:

Gracias por este día tan hermoso.
Gracias por la gente nueva que conocí hoy.

Estar cerca de la naturaleza...
    ... ver cuán perfecta es
    ... disfrutar la armonía y belleza de su esplendor
    ... deleitarme en su perfección
es disfrutar de tu creación divina.

Cada árbol,
    cada pájaro,
    cada animal,
    cada criatura:
    todos te pertenecen.
Toda la naturaleza te honra
    y venera cada día.

Si sólo los humanos pudiesen verla y
    disfrutarla sin destruirla,
    el mundo todavía se vería como
    el paraíso.
        Amén.

Soy útil... gracias por usarme

Mi amado Jesús:

Gracias por permitirme ayudar a otros hermanos cristianos con
 los talentos y medios que me has provisto. Sólo Tú sabes sus
 necesidades y te doy gracias por escogerme a mí, entre todos
 tus hijos, para ayudarlos.

Hoy fue un día lleno de paz para mí y tu otra sierva.
Bendícela, mi Señor Jesús.
Protégela y mantenla fuera de las garras y las trampas del demonio.
Fortalece su mente.
Refresca su espíritu con tu Palabra Sagrada.
Consuélala con tu presencia.
Cárgala en tus brazos para que ella pueda descansar un poco
 durante la tempestad que azota su vida cotidiana.
Bendice a sus hijos y continúa induciendo en sus corazones
 un amor inmenso por Ti.
Santifícalos con el toque de tus manos.

Gracias, Jesús,
 por la cura de un extraño que necesitaba de tu ayuda.
Gracias, Jesús,
 por dejarme ser útil y estar disponible para demostrar
 tu misericordia y bondad hacia él.
Gracias, Jesús, por escuchar mis plegarias y por su rápida recuperación.

Gracias, Jesús,
 por limpiarme y moldearme constantemente.

Te amo,
 Yo

Domingo de la Santísima Trinidad

Mi amado Jesús:

¡Qué semana! Llena de excitación y aventuras. Llena de retos y emociones.

Gracias por mis hijos; sus talentos y sus virtudes.
¡Gracias por ayudarme a moldearlos de una manera placentera para Ti y útil
   para el reino de Dios!

Mi amado Jesús, he estado meditando constantemente sobre tu amor
   y tus bendiciones en mi vida. También quiero darte gracias
   por enviar el Espíritu Santo a estar conmigo el día que tuve que
   explicarles a esos niños el cómo y el porqué Tú estás presente en
   la Sagrada Eucaristía.
El mensaje fue corto, claro y preciso.
Fue muy fácil de entender, ya que Tú estabas guiando
   y sujetando mis manos mientras platicaba con ellos.

El tema de esta semana es Amor.
Yo quiero hablarles sobre tu trabajo divino en mi vida y en mi alma.
Definiré tu nombre y tu amor a base de tus atributos y tu bondad.

(J)usticiero
    (E)mmanuel
        (S)agrado
            (Ú)nico
                (S)alvador
(A)moroso
    (M)aestro
        (O)mnipotente
            (R)edentor

Fe = Confiar   **Confiar** = Creer   **Creer** = Amor

Señas silenciosas

Señor,
      ayúdame a ver y a entender tus señas.
Déjame escuchar tus advertencias.
Déjame consolarme
    en el conocimiento...
      de que Tú todo lo sabes
      de que Tú todo lo ves
      de que Tú nos amas a todos
      de que Tú eres misericordioso,
                amoroso,
                confiable,
                y justos son tus juicios.

Ayúdame a parecerme a Jesús.
                        Amén.

¡Sé que estás aquí, y te lo agradezco!

Mi amado Jesús:

Antes de continuar el estudio del libro de Job, decidí conversar contigo.
Sé que quieres estar más tiempo conmigo y yo he descuidado nuestra
    relación, y por eso te pido perdón. Te prometo que me comportaré
    mejor.

Te doy gracias por tu amor celoso y posesivo,
    por tu inmensa paciencia y entendimiento
    y por constantemente llamarme y asegurarte de que estoy andando en el
    camino correcto; el de la vida eterna.
Mi vida se ha complicado últimamente,
    pero sé que Tú estás tratando de dejarme saber que estamos juntos.

Me estás abrazando y manteniéndome bien cerquita de Ti.
Tú estás guiando mi caminar,
    ya que sabes que te seguiré a través de los arbustos con espinas y
    las flores perfumadas al lugar del reposo y la vida eterna.

¡Gracias, Jesús, por todo!
En tiempos buenos y malos siempre estaremos juntos.
Es un gran consuelo y sentimiento el saber que eres leal, honrado y amoroso.
Tú eres el mejor amigo y amado que he tenido.

¿Serías tan amable de seguir moldeando a mis hijos de una manera útil para
    Ti y para tu reino?
Yo no puedo hacerlo sola, pero con tu ayuda sí podré.

¡Gracias, Jesús!
    Te amo,
        Yo

Meditando sobre tu paciencia

Mi amado Jesús:

¿Cómo estás hoy? Estoy segura de que has estado muy ocupado orando, escuchando y encargándote de tu rebaño. Tú debes de tener un trabajo muy arduo pero lleno de muchas satisfacciones. Yo me canso de decirles a mis hijos cómo hacer las cosas correctamente, pero ellos son testarudos y lo quieren hacer todo "a su manera". ¡Y al final no les queda otro remedio que reconocer que mi método era el mejor!

¡Igualitos que yo! A veces me pregunto si alguna vez dudaste y estuviste muy cerca de darte por vencido conmigo, pero luego cambiaste de parecer y decidiste llamarme una última vez antes de considerarme "descalificada e inútil". Gracias por tu continua enseñanza, amor, paciencia y compañía.

Aunque soy muy testaruda y voluntariosa, aun así soy tu hija y tu amor tierno y compasivo ha logrado cambiarme y convertirme en una persona útil para Ti y para el reino de Dios. Apenas estamos comenzando, sé que todavía puedes hacer más conmigo.

¡Gracias por todo!
                Te amo Jesús

El pájaro herido y lastimado

Mi amado Jesús:

Ayer mi hijo mayor encontró un pájaro herido. Ese pájaro era un gran guerrero, y nos dio bastante trabajo el atraparlo para examinar sus heridas y determinar cuál era el problema en su ala.

Luego de correr detrás de ese pobre y aterrorizado pájaro desde el frente de la casa al patio, pude agarrarlo con mis manos. ¡Su corazón latía tan aceleradamente que pensé que se le saldría del pecho! Lo cargué de una manera muy sutil y lo puse en una cubeta donde había un recipiente con agua para beber y para refrescarse. Antes de darnos cuenta, ese guerrero con alas voló fuera de la cubeta y nuevamente tuvimos que comenzar a correr detrás de él. Mientras lo perseguíamos, él piaba pidiendo ayuda, pero ningún otro pájaro vino a su rescate.

Yo pensé dentro de mí: este pequeño pajarito me recuerda mi relación con Jesús. Cuántas veces me sacaste de malas situaciones pero yo estaba tan herida y dolida que no podía entender que Tú me querías aguantar y rescatarme del maligno y ponerme en un lugar seguro para descansar y recuperar mis energías, etc. Pero en lugar de descansar y refrescarme, yo me escapaba cada vez que tenía la oportunidad. Y, nuevamente, Tú, tu ejército de ángeles y otros súbditos leales salían en mi búsqueda.

Nosotros pudimos atrapar al pájaro. Luego de examinarlo nos dimos cuenta de que ese guerrero con alas había sobrevivido a una gran batalla. Quizás se escapó de las garras o de la boca de un gato o una ardilla. Un pájaro feliz pero herido, y un gato o una ardilla lamentándose de su hambre y nuevamente en cacería en busca de su almuerzo. El pájaro tenía un ala rota y le faltaban las garras de su pata derecha. ¿Quién dijo que los animales incapacitados son lentos? Ese pequeño pájaro me enseñó que el coraje y el instinto de supervivencia salen de nuestras entrañas y no de afuera. Él me enseñó que debo estar siempre alerta para no quedarme dormida y ser una víctima de las trampas y las garras del maligno. Él me enseñó a ser fuerte y valiente aun teniendo un ala rota y sólo un pedazo de su pata derecha.

El Espejo de Mi Alma

Luego de discutir el plan de acción relacionado con ese guerrero, lo llevamos a una clínica veterinaria donde lo dejamos para ser curado y rehabilitado. Nosotros, aunque con buenas intenciones, no sabíamos cómo ayudarlo a recuperarse. En la clínica veterinaria sería cuidado, rehabilitado y regresado a su ambiente natural.

Señor, tus gestos son siempre una fuente de consuelo para un alma abrumada por los achaques de la vida. Al igual que ese pájaro, yo también me aterrorizo y me escapo con la poca fuerza que me queda en el cuerpo.

Pero no importa cuántas veces trate de irme,
Tú siempre me encuentras
   y gentilmente me guías de regreso
   al lugar de reposo
   donde Tú reúnes
   todos esos hombres sabios
   y juntos
   me enseñan
   las formas correctas
   para parecerme más a Cristo
   y convertirme en un instrumento útil
   para tu reino.
¡Luego de que me encontraste un lugar para descansar y aprender...
   ... todos pudimos descansar!

Perdóname, Señor,
   por todas las veces
que te hice salir corriendo
   detrás de mí,
   cuando Tú simplemente pudiste
   haberte quedado esperándome.
En lugar de dejar que me cansara
   y me diera unos cuantos golpetazos,
   me buscaste,
      me encontraste,
         y me diste reposo.

Gracias por los aperitivos
   y tu amor por mí.
         Te amo Jesús.

Caminando en la Oscuridad

San Juan 8:12: Jesús les habló diciendo: *"Yo soy la luz del mundo. Quien viene a mí no andará en tinieblas, pero tendrá la luz de vida"*.

Conquistando el temor a la oscuridad

"El Señor es mi pastor; ¿a quién temeré?"

Le temo a la oscuridad ya que no puedo ver.
Le temo a la oscuridad ya que me regocijo disfrutando la
    creación de Dios.
Le temo a la oscuridad ya que temo que algún día el manto oscuro
    cubrirá mis ojos y sólo tinieblas y oscuridad serán mi compañía.
Le temo a la oscuridad ya que no puedo ver y lo desconocido
    me aterroriza.
Le temo a la oscuridad debido a pesadillas que tuve en mi niñez
    que se quedaron impregnadas profundamente en mi memoria
    y dejaron cicatrices en mi ser.

Pero si Jesús es luz y yo estoy en Jesús,
    no debo temerle a la oscuridad.
Él me guiará a través del sendero con espinas
    para que no tropiece o me lastime,
    y me protegerá de las garras del maligno.

Señor, enséñame a ver a través de la luz de Jesús,
    para así no temerle a la oscuridad.
El temerle a la oscuridad significa desconfiar
    en el amor y las promesas de Jesús.
"No tengas miedo. Nunca te abandonaré. Siempre estaré contigo..."

Señor, enséñame a ver a través de la luz de Jesús,
    para que pueda yo caminar con paso seguro
    y confiada en la creencia y lealtad de su amor por mí.

Señor, enséñame a ver a través de la luz de Jesús,
    para que ya no le tema a la oscuridad
    para que ya no me sienta sola
    para poder caminar libre de estas ataduras de temor
    que me mantuvieron alejada de Ti por muchos años.

El Espejo de Mi Alma

Gracias, Dios, por darme y compartir tu Hijo, Jesús, conmigo.
Gracias, Señor, por no darte por vencido conmigo.
Gracias, Señor, por contestar mis peticiones y plegarias.
Gracias, Señor, por hallarme digna de tu misericordia.
Gracias, Señor, por Jesús.
                          Amén.

¿Quién soy?

Soy una pecadora
  buscando la redención.
Soy un alma
  llena de dolor.
Soy un ser
  buscando su propia identidad.
Soy la oveja perdida a quien
  regresaste a tu rebaño.

Yo estaba perdida, y Tú me encontraste.
Yo estaba sola y caminaste conmigo.
Me sentía indigna,
  pero me hallaste digna
  de ser contada en el censo de tu pueblo.

Soy una mujer
  sin identidad propia.
Soy una mujer
  a quien hallaste digna de tu amor.
Soy una madre.
Soy una hermana.
Soy una esposa.
Lo soy todo.
Pero lo más triste es saber
  que soy un ser sin identidad propia.

Yo pienso en todos
  y tengo sentimientos para todos;
  pero no pienso en mí.
Quizás, mi Dios,
  Jesús, mi Salvador,
  Tú me llamaste
  para que nuevamente
  pudiese encontrarme.

El Espejo de Mi Alma

Tú me necesitas completa.
Tú me quieres completa.
Pero sólo me quieres a mí.
Tú no quieres la madre,
        la hija,
           la esposa...
    ... ¡y quién sabe qué más!

Tú me quieres a mí
   por lo que soy.
Tú me quieres a mí
   y solamente a mí.
Pero lo que Tú quieres
   yo no poseo;
   porque les pertenezco a todos
   pero no soy dueña de mí.

Ellos te llaman Santo.
Yo te llamo amigo.
Ellos te llaman Señor.
Yo te llamo Salvador.
Ellos invocan tu nombre
   pidiendo perdón.
Yo invoco tu nombre
   para consolar mi dolor.

Para poder ser la persona que quieres que yo sea.
Para hacer lo que necesitas que yo haga.
Primeramente, me tengo que encontrar.
¿QUIÉN SOY?
¿Dónde he estado?
¿Dónde quiero estar?

Soy una pecadora
   a quien Tú hallaste digna.
Soy una pecadora
   a quien llamaste por su nombre.

El Espejo de Mi Alma

Soy una pecadora
   que te ama profundamente
   y quiere caminar contigo
   en la tierra y en la eternidad.
          Amén y amén.

¡Gracias, Señor, por tu amor!

Encontrándome

Oh, Señor,
   ayúdame a entender
   tu voluntad.
Ayúdame a ser...
        ... la persona que Tú necesitas
        ... la persona que Tú quieres
        ... la persona que Tú puedes usar
   para la gloria de tu reino.

Te pido esto en el nombre de Cristo Jesús.
                            Amén y amén.

PD: ¡Gracias por todo!

¿Verdadero o falso?

Señor,
      dame la fortaleza necesaria
      para tolerar mi Calvario.
Dame un corazón tierno
    para amar a mis enemigos
    y para entregarte mis injusticias.

Dame un oído agudo
    y una mente absorbente como la esponja
    para así poder escuchar, entender y mantener
    en mi mente y en mi corazón
    tu mensaje de esperanza,
    redención, victoria y rescate.

Dame la sabiduría necesaria
    para poder discernir
    entre lo bueno y lo malo
    entre lo verdadero y lo falso
    entre lo valioso y lo indigno
    entre lo terrenal y lo eterno
    entre la honestidad y la hipocresía
    entre el amor verdadero y lo usual
    entre la compasión y las apariencias
    entre la convicción y el fanatismo
    entre un Dios verdadero y dioses falsos
    entre Cristo y fariseos
    entre yo y ellos
    entre yo y yo.
              Amén.

Reconociendo la presencia de Cristo en mi vida
(Eclesiastés 1)

Vivir en Cristo
   es vida.
Sentir como Cristo
   es sentir.
Respirar como Cristo
   es sanación.
Conocer a Cristo
   y tenerlo como tu Salvador...
        es salvación,
        es redención,
        es la vida eterna
        llena de felicidad y verdad.

La paciencia es una virtud

La paciencia es una virtud que no tengo.
La paciencia es una virtud que necesito.
La paciencia es una virtud que tengo que desarrollar.
¡La paciencia es una virtud que necesito obtener en
   cantidades grandes!
Para así poder controlar mi temperamento.
Para así poder controlar mi lengua.
Para así poder conversar con otros
   sin perder mi control y mi compostura.

La paciencia es una virtud que muchos necesitan
   pero pocos se preocupan por encontrar.
La paciencia es una virtud
   también conocida como templanza,
   que muchos confunden con disciplina
   y autocontrol.

La templanza es una virtud
   que desarrolla paciencia, disciplina y autocontrol
   para poder alcanzar la sabiduría divina.

Señor,
     ayúdame a tener templanza
     para poder ser la persona calmada y paciente
     que Tú quieres
     y la sierva entusiasta que necesitas
     para el desarrollo de tu reino.
                         Amén.

Soy un riachuelo
(Eclesiastés 1:7)

"Todos los ríos van al mar;
 sin embargo, el mar nunca se llena.
Al lugar a donde van,
 el río sigue su rumbo".

El ciclo de las aguas discurriendo hacia el mar es similar a la búsqueda constante de sabiduría y conocimiento del hombre. El río nunca para su viaje infinito. De la misma manera, el hombre que busca la sabiduría siempre va a la fuente del conocimiento y, unido con otros, encuentra sus respuestas y le da más razones para seguir yendo al mar. El mar es el conocimiento acumulado y adquirido diariamente por experiencias, alegrías y penares de los ríos. El mar es la unión del conocimiento, el cual es compartido con aquellos que tienen sed de saber y un hambre insaciable de más conocimiento. El mar lo posee todo. El río sólo posee una porción. El río recoge y limpia el lodo de la tierra llevándose consigo los tesoros y la mugre que es almacenada y limpiada en el mar.

El mar es el "Summa Cum Laude". El río es el talentoso e inteligente tratando de convertirse en "sabio" o en un "mar de conocimiento" para otros menos desarrollados.

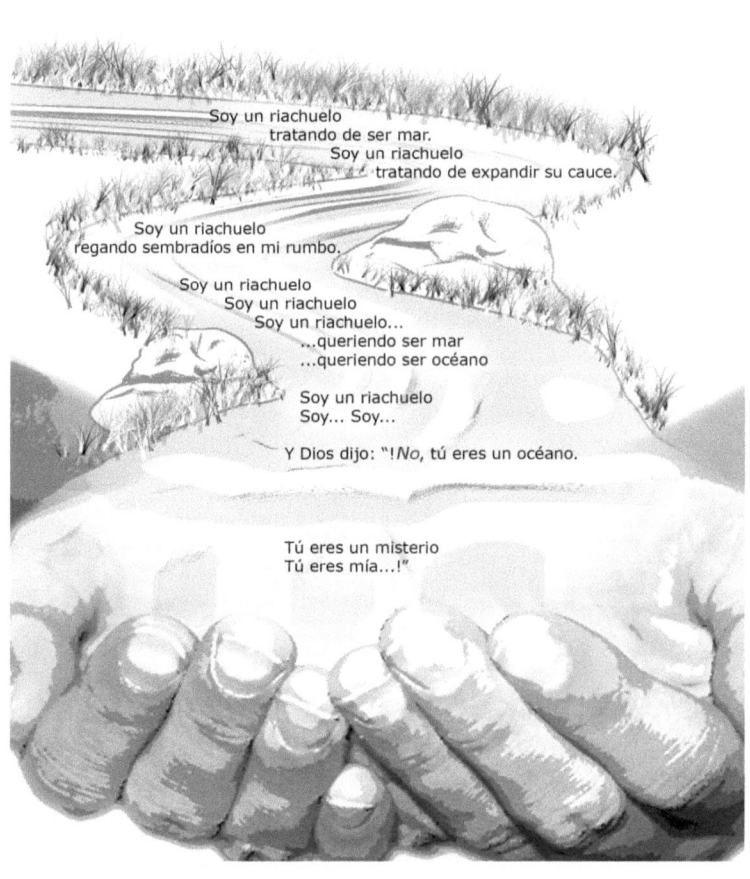

Soy un riachuelo
tratando de ser mar.
Soy un riachuelo
tratando de expandir su cauce.

Soy un riachuelo
regando sembradíos en mi rumbo.

Soy un riachuelo
Soy un riachuelo
Soy un riachuelo...
...queriendo ser mar
...queriendo ser océano

Soy un riachuelo
Soy... Soy...

Y Dios dijo: "¡*No*, tú eres un océano.

Tú eres un misterio
Tú eres mía...!"

Orgullo espiritual secreto

Señor,
      yo confieso
      haber pecado
      de "orgullo espiritual secreto".
Yo confieso
      que a veces me comporto
      como los fariseos
      y mi religiosidad y mi espiritualidad
      son puras apariencias.

Luego Tú me llamaste la atención
      y con tu mano derecha a mi alrededor.
      me hiciste reconocer
      lo vergonzoso de mi conducta.

Tú me llamaste la atención
      al dejarme saber cuán grandioso eres
      y cuán insignificante y pequeño
      es el hombre en comparación contigo
      y tu gloria.

Gracias, Señor,
      por deshacerte de mis tonterías.
Gracias, Señor,
      por deshacerte de mis necedades.
Gracias, Señor,
      por enseñarme
      cuán mortal es el "orgullo espiritual";
      para que así aprenda a guardar secretos...
      ...nuestros secretos
¡Sólo para nosotros!
                    Amén.

Pido la gracia de la disciplina

Una ciudad abierta y sin defensa es una ciudad débil, vulnerable, indefensa y un blanco perfecto para el enemigo.

Debo disciplinarme
    para controlar mi temperamento
    para controlar mi lengua
    y evitar un flujo inmenso de palabras
    groseras y perjudiciales
    en contra del prójimo,
    para guardar mi corazón
    de cualquier sentimiento de odio y resentimiento
    desconocido para los demás
    pero conocido por Dios;
    para controlar mis tristezas,
    ya que ellas me alejan de Dios.

Dios es un Dios de amor, alegría y glorias.
Debo aprender a controlarme
    y ser más como el hombre sabio
    ¡que piensa todo lo que dice
    pero no dice todo lo que piensa!

Señor, ayúdame a ser sabia.
                        Amén.

Entrenando para la batalla

Tengo que entrenar mi cuerpo
  para tolerar dolor.
Tengo que entrenar mi cuerpo
  para tolerar sufrimientos.
Tengo que entrenar mi alma
  a través de la purificación,
  la autodisciplina,
  el autocontrol,
  y el coraje para mantenerme
  firme en mis convicciones
  mientras otros fallan.
Para mantenerme firme y caminar
  en el sendero de otros siervos
  que fueron martirizados
  por predicar el evangelio del reino de Dios.

Tengo que entrenar para temer
  quedar descalificada y ser quemada
  eternamente en el infierno.
De esta manera me mantendré
  caminando en el sendero correcto
  y compartiendo la Palabra de Dios
  con todos aquellos que me encuentre
  en mi peregrinaje.

Soy un soldado en el ejército del Señor.
                              Amén.

Enséñame a ser...

Mi Señor, mi Dios,
   mientras camino
   en la noche oscura de mi alma
   frágil e inmadura,
   enséñame a ser dócil
   enséñame a ser humilde
   enséñame a saber esperar pacientemente
   el momento correcto
   según Tú analizas mi progreso
   y me animas tiernamente
   a seguir caminando hacia Ti, Jesús.
                           Amén.

Fuerte y leal

No caigas en la tentación.
Aléjate de su fuente.
Mantente fuerte y leal
   contando con Dios como
      tu armadura y escudo protector.

Para encontrar fortaleza en el Señor;
Para estar en paz con Dios;
Para tener serenidad en tu alma;
   tienes que aprender a decir "*no*"
      cuando la carne es débil.
Tienes que mantener tu postura
   muy firme y decir "*no*"
      cuando las tentaciones llamen a tu puerta.
Tengo que ser fuerte.
Tengo que ser leal.
Tengo que ser.
Tengo que ser.
Por Ti, Jesús, lo seré.

Mi próxima meta: "La Templanza"

Todavía tengo un largo camino que recorrer antes de alcanzar mi próximo nivel y destino: la templanza. Mi caminar es lento pero constante. La carretera se ve atractiva pero no es perfecta. La carretera tiene unas cuantas rocas; las puedo considerar obstáculos o las puedo considerar como un lugar de reposo provisto por Dios. Prefiero considerarlas un refugio en contra de los cambios climatológicos. También pueden ser una mesa para comer. Un lugar de reposo cuando estoy cansada de mi jornada. Un refugio donde Dios reside, me acompaña y me escucha.

Gracias, Señor, por las rocas en mi jornada
    ya que ellas representan tu misericordia,
    tu compasión y tu cuidado.

Ellas me enseñan tu presencia
    mientras otros ven sólo obstáculos.
Ellas me enseñan tu presencia
    cuando estoy triste y me siento sola.
Ellas me enseñan tu presencia
    cuando todos me abandonan.

Ellas me enseñan tu gloria,
    tus promesas confiables,
    y tu eterna presencia residiendo en mí.

¡Gracias, Jesús, por ser mi amigo!
              Te amo,
                  Yo

Cristo es mi escudo y mi protector

Mientras me protejo con la vestidura
 de la presencia de Cristo,
  me siento capaz y soy capaz de vencer
  todos esos deseos pecaminosos de la carne.
Tengo que tener siempre a Cristo
 como mi escudo y mi protector.
Tengo que tener siempre a Cristo
 como mi mejor compañía, amor verdadero y amigo.
Tengo que contar con Cristo para todo en mi vida.

"Todo lo puedo en Cristo que me fortalece".

Pido la gracia de la templanza para así continuar
 mi crecimiento espiritual, mi relación íntima con Cristo y
 permitirle que me moldee a su antojo.

PD: Gracias, Señor, por usarme hoy y con mis acciones
 poder glorificar Tu nombre. Amén.

PD2: ¡Hoy te fui útil! ¡Gracias nuevamente!

Salmo 42

(Versículos 1–4)

El salmista está ansioso de tu presencia, Señor,
 de la misma manera que yo estoy ansiosa de Ti.

Cuando te conocí, me alejé de Ti corriendo
 y por mucho tiempo me dejaste disfrutar
 de mi libertad y mi libertinaje.
Luego vino la época de angustia y desolación;
 cuando bebía lágrimas y comía mi suplicio.
Entonces me acordé de Ti, Señor,
 pero me sentía insegura;
 no sabía si sería digna
 de tu amor, tu compasión y tu perdón.
Recordé nuestros tiempos felices
 y comencé a añorarlos.
Me ofreciste tu mano para caminar
 y dejarme saber que "era bienvenida".
Me dijiste: "Te he estado esperando con mis brazos siempre abiertos".
A aquellos que dudaron de tu amor por mí,
 les enseñé tu sombra andando junto a la mía
 mientras caminábamos por la vida.
¡Ya no estoy sola...!
¡Estoy contigo...!
Vamos a callarlos y a reírnos de ellos.

(Versículos 5–8)

Cuántas veces, Señor, yo te pregunté lo mismo: "¿por qué me
 torturas, alma mía, y por qué estás tan inquieta dentro de mí?"

Decidí entregarme completamente a Ti.
Decidí exponerme a tu Palabra divina.
Decidí aceptar tu consuelo eterno.

Vi desaparecer las tinieblas de mi vida.
La luz brillante de tu rosto, mi Jesús,
   se convirtió en mi estrella de Belén e iluminó mi caminar
   en el sendero de mi vida nueva contigo.
¡Ah, recuerdo esos días!
Una persona nueva renació en esos días.
¡Nací criatura nueva;
   con una actitud nueva y más fiel
   a nuestro compromiso y nuestro amor!

Señor, ayúdame a controlar mi lengua.
Ayúdame a disciplinarme
   para convertirme en la persona que Tú sabes que yo soy,
   pero no me he perdido ser.
Ayúdame a crecer, a madurar
   y espiritualmente alcanzar mi adultez.
Ya no soy una bebé. Soy una niña.

(Versículos 9–11)

En nuestras tribulaciones siempre le preguntamos a Dios: ¿por qué me has abandonado? Incluso Cristo, en el momento de cumplir su misión en la tierra y antes de su muerte en la cruz por mí y otros, experimentó por un breve momento "la noche oscura de su alma". Luego de un breve momento de duda, Él fue consolado por el Espíritu Santo (el Espíritu Consolador) y nuevamente alabanzas y glorias al Señor fueron sus palabras. ¡Él fue obediente y leal hasta el final!

¿Acaso seré yo capaz de aceptar en entrega total y absoluta la voluntad del Padre en momentos bien difíciles? Te pido, mi Jesús, que envíes al Espíritu Consolador a estar conmigo durante mis pruebas y mis momentos de flaqueo para estar completamente segura de tu presencia y poder seguir glorificando a Dios hasta la eternidad.

Una nota de la autora

¡El día
que me muera,
las personas
dirán muchas cosas de mí,
pero sólo
Dios
y
yo
sabremos
la
verdad…!